KB201796

금강경 한글 사경

우룡 큰스님 옮김
불교신행연구원 엮음

한량없는 세월동안 몸이나 물질로 보시한 공덕보다
이 경전을 사경하고 독송한 공덕이 훨씬 더 뛰어나니라

새벽숲

· 금강경 사경과 영험

사경은 기도와 수행의 한 방법이며, 우리의 삶을 밝은 쪽으로 바른 쪽으로 행복한 쪽으로 나아가게 하는 거룩한 불사입니다. 금강경을 써보십시오. 금강경을 눈으로 보고 입으로 외우고 손으로 쓰고 마음에 새기는 사경기도는 크나큰 성취를 안겨줍니다.

더욱이 금강경은 상(相)을 비우고 마음을 비워, 무량한 복덕을 갖춘 원래의 자리로 되돌아가게 만드는 대승불교의 경전이기 때문에, 이 경전을 사경하고 독경하여 그 뜻을 나의 것으로 만들면 한량없는 가피가 저절로 찾아들어, 업장참회는 물론이요 쉽게 소원성취를 할 수 있습니다.

특히 다음과 같은 원의 성취를 바란다면 금강경 사경을 해보십시오.

· 입시 등 각종 시험의 합격을 원할 때
· 개업 및 집 짓고 이사할 때
· 사업의 번창을 바랄 때
· 각종 병환 · 재앙 · 시비 · 구설수 등을 소멸시키고자 할 때
· 가족의 불협화음을 없애고자 할 때
· 평온하고 안정된 삶을 원할 때
· 내생에 좋은 국토에 태어나고자 할 때
· 일가친척의 영가를 잘 천도하고 극락왕생을 바랄 때
· 마음공부를 깊이 있게 하고자 할 때
· 부처님의 대진리를 깨닫고자 할 때

이 밖에도 금강경 사경의 영험은 이루 다 말할 수 없습니다.

· 금강경 사경의 순서

1. 경문을 쓰기 전에

① 먼저 3배를 올리고 삼귀의를 한 다음, 금강경 사경집을 펼치고 기본적인 축원부터 세 번 합니다.

"시방세계의 충만하신 불보살님이시여, 세세생생 지은 죄업 모두 참회합니다.

이제 금강경을 사경하는 공덕을 선망조상과 일체 중생의 행복을 위해 바칩니다.

아울러 저희 가족 모두가 늘 건강하옵고, 하는 일들이 다 순탄하여지이다."(3번)

② 이렇게 기본적인 축원을 한 다음, 꼭 성취되기를 바라는 일상의 소원들을 함께 축원하십시오. 이 경우, 그 소원들을 문장으로 만들어 10페이지의 '금강경 사경 발원문' 난에 써놓고, 사경하기 전과 사경을 마친 다음 세 번씩 축원을 하면 좋습니다.

③ 축원을 한 다음 「개법장진언」 '옴 아라남 아라다' 를 세 번 염송하고, 이어 '나무금강반야바라밀경' 을 세 번 외웁니다. 경의 제목은 그 경전 내용의 핵심을 함축하고 있고 공덕이 매우 크기 때문에 꼭 세 번씩 염송하기를 당부드리는 것입니다.

2. 경문을 쓸 때

① 금강경 본문을 사경할 때는 원래 부처님께서 설하신 경문만을 쓰고, 진한 글씨로 쓴 부분, 즉 분류의 편의를 위해 표기한 32분(分)의 소제목(예: 법회인유분 제일, 선현기청분 제이 등)과 한글 위에 표기한 한자는 쓰지 않습니다.

② 사경을 할 때 바탕글씨와 똑같이 억지로 베껴 쓸 필요는 없습니다. 바탕글씨를 크게 벗어나지 않는 범위 내에서 자기 필체로 쓰면 됩니다.

③ 금강경을 사경할 때 한문 해독 능력이 뛰어난 이라면 한문본을 쓰는 것이 좋지만, 한문 해독 능력이 충분하지 못한 이는 원문의 뜻을 한글로 풀어놓은 번역본을 쓰는 것이 좋습니다. 그 까닭은 사경하는 내가 내용을 이해하지 못하고 글자만 쓰게 되면, 감동이 없을 뿐 아니라 공덕 또한 크게 떨어지기 때문입니다.

'그냥 한 편을 쓰기만 하면 된다'는 자세로 뜻을 모른 채 사경을 해서는 절대로 안 됩니다. 스스로 뜻을 새기고 이해를 하며 쓰는 것이 무엇보다 중요하다는 것을 꼭 명심하시기 바랍니다. 그러나 금강경을 많이 독송하였거나 20번 이상 사경을 하여 그 뜻을 충분히 이해하고 있다면 한문으로 사경을 하는 것도 바람직합니다. 한문본 사경은 번역본 사경에서 느낄 수 없는 묘(妙)가 있습니다.

④ 사경을 한다고 하여 처음부터 끝까지 좔좔좔 시냇물 흘러가듯 써내려

가야 할 필요는 없습니다. 금강경을 쓰다가 특별히 마음에 와닿는 구절이 있거나 이해가 잘 되지 않는 부분이 있으면, 다시 한 번 쓰거나 읽으면서 사색에 잠기는 것도 좋습니다. 이렇게 사경을 하게 되면 금강경의 내용이 차츰 '나'의 것이 되고, 금강경의 가르침이 '나'의 것이 되면 천도와 업장참회는 물론이요 무량공덕이 저절로 생겨나게 됩니다.

그리고 사경을 하다가 뜻이 분명하지 않은 경우에는 해설서를 읽어 내용을 분명히 이해하는 것이 바람직합니다(효림출판사에서 발간한 우룡큰스님 저서《생활속의 금강경》을 참조하는 것도 좋습니다).

⑤ 그날 해야 할 사경을 마쳤으면 다시 스스로가 만든 '금강경 사경 발원문'을 세 번 읽고 3배를 드린 다음 사홍서원을 하고, '부처님 감사합니다. 감사합니다. 감사합니다'를 염하며 끝을 맺습니다.

·사경 기간 및 횟수

① 이 사경집은 금강경을 세 번 쓸 수 있도록 엮었습니다. 만약 아주 간략한 소원이라면 세 번의 사경으로도 족하겠지만, 여러 경전에서는 21일의 사경 또는 21번의 사경을 최소한의 기본 단위로 삼고 있습니다.

또 과거 · 현재 · 미래에 쌓는 108번뇌의 업 중에서 현생의 36번뇌를 녹이는 것을 상징화하여 36번을 쓰기도 하며, 지중한 원이 있을 때는 108번을 사경하는 것도 좋습니다.

그리고 감히 권하고 싶은 횟수는 금강경 전체를 21번 사경하는 것입니다.

② 인쇄한 글씨 위에 억지로 덧입히며 쓰지 않고 자기 필체로 쓰게 되면, 한 페이지에 보통 5분~7분 정도 걸립니다. 하루 만에 한 권을 다 쓴다면 4~5시간이 소요됩니다.

만약 기도할 시간이 넉넉하지 않아 한 시간 정도에서 끝마치고자 한다면 5일로 나누어 사경하되,

첫 날은 제1분~제7분, 둘째 날은 제8분~제13분,

셋째 날은 제14분~제16분, 넷째 날은 제17분~제21분,

다섯째 날은 제22분~제32분까지

나누어 쓰는 것도 한 방법입니다(이 경우 사경기도 전체는 1시간이면 충분하며, 이렇게 금강경을 21번 쓰면 총 105일이 걸립니다).

각자의 원력과 형편에 맞추어 적당히 나누어 쓰도록 하십시오. 단 부처님과의 약속이니 지킬 수 있을 만큼 나누되, 너무 쉬운 쪽만은 택하지 않기를 바랍니다.

③ 만약 다른 기도를 하고 있는데 금강경 사경도 하고 싶다면, 지금 하고 있는 기도를 중단하지 말고 형편대로 총 32분 중 몇 분씩 사경을 하다가, 다른 기도를 회향한 다음에 본격적으로 금강경을 사경하는 것도 좋은 방법입니다.

④ 매일 쓰다가 부득이한 일이 발생하여 못쓰게 될 경우가 있습니다. 그때는 꼭 부처님께 못쓰게 된 사정을 고하여 마음속으로 '다음 날 또는 사경 기간을 하루 더 연장하여 반드시 쓰겠다' 고 약속하면 됩니다.

여법히 잘 사경하시기를 두 손 모아 축원드립니다.
나무금강반야바라밀

금강경 사경 발원문

개법장진언
開法藏眞言

옴 아라남 아라다(3번)

나무금강반야바라밀경(3번)

금강반야바라밀경
金剛般若波羅蜜經

법회인유분 法會因由分 제일

이와 같이 나는 들었다.

어느 때 부처님께서는 사위국의 기수급고독원에서 천이백오십 인의 큰비구 제자들과 함께 계시었다.

이날도 세존께서는 공양시간이 되자, 가사를 입으신 뒤 바루를 들고 사위성으로 나아가 한집 한집 차례대로 밥을 빌어 마치시고 본처로 돌아와 공양을 하시었다.

그리고 가사와 바루를 제자리에 정돈해 놓으시고 발을 씻은 다음 자리를 펴고 앉으셨다.

선현기청분 善現起請分 제이

그때, 장로 수보리존자가 대중과 함께 있다가 자리에서 일어나 오른쪽 어깨에 옷을 벗어 매고 오른쪽 무릎을 꿇어 합장하며 부처님께 아뢰었다.

희유하옵니다, 세존이시여. 여래께서는 언제나 모든 보살들을 잘 보살펴 주시며, 모든 보살들에게 잘 당부하고 계십니다.

세존이시여! 선남자 선여인들이 아뇩다라삼먁삼보리심을 발한 다음, 마땅히 어떻게 그 마음을 유지하여야 하며, 어떻게 그 마음을 항복받아야 하나이까?

부처님께서 말씀하셨다.

착하고 착하도다, 수보리여. 네 말과 같이 여래는 모든 보살들을 두루 잘 보살피며, 모든 보살들에게 언제나 잘 당부하느니라. 너희는 이제 자세히 들으라. 내 너희를 위해 설해 주리라. 선남자 선여인들이 아뇩다라삼먁삼보리심을 낸 다음에는 마땅히 이와 같이 그 마음을 유지하고, 이와 같이 그 마음을 항복받아야 하느니라.

그러하옵니다, 세존이시여. 원컨대 기쁜 마음으로 듣고자 하옵니다.

대승정종분 大乘正宗分　제삼

부처님께서 수보리에게 말씀하셨다.

모든 보살마하살들은 마땅히 이와 같이 그 마음을 항복받아야 할 것이니, 이른바 온갖 중생들, 곧 난생·태생·습생·화생의 중생과 형태가 있는 중생·형태가 없는 중생·생각이 있는 중생·생각이 없는 중생·생각이 있는 것도 아니요 생각이 없는 것도 아닌 중생 모두를 나는 무여열반에 들어 해탈하게 하느니라.

無餘涅槃

이와 같이 한량없고 수가 없고 끝이 없는 중생을 해탈시키지만, 실은 한 중생도 해탈

을 얻게 하였다는 생각이 없느니라.

무슨 까닭인가? 수보리여, 만약 보살에게
아상我相 · 인상人相 · 중생상衆生相 · 수자상壽者相이 있다고 한다
면, 그는 진정한 보살이라 할 수 없기 때문이
니라.

묘행무주분 妙行無住分   제사

또 수보리여, 보살은 마땅히 그 어디에도
머무는 바 없이 보시를 해야 하나니, 이른바
모양에 얽매임 없이 보시를 해야 하며, 소리
나 냄새나 맛이나 감촉이나 생각에 얽매임
없이 보시를 해야 하느니라. 수보리여, 보살
은 마땅히 이와 같이 보시하여 어떠한 상相에도
집착을 하지 말아야 하느니라. 무슨 까닭인
가? 만약 보살이 상에 집착을 하지 않고 보시
를 하면 그 복덕이 가히 헤아릴 수 없이 크기
때문이니라.

수보리여, 내 생각은 어떠하냐? 동쪽 허공

의 크기를 가히 헤아릴 수 있겠느냐?

헤아릴 수 없나이다, 세존이시여.

그렇다면 수보리여, 남쪽·서쪽·북쪽 등의 허공과 동남·서남·동북·서북쪽과 위·아래 허공의 크기는 가히 헤아릴 수 있겠느냐?

헤아릴 수 없나이다, 세존이시여.

수보리여, 보살이 상에 집착함이 없이 베푸는 무주상보시(無住相布施)의 복덕 또한 이와 같아서, 가히 헤아릴 수가 없느니라. 그러므로 수보리여, 보살은 마땅히 지금 내가 가르쳐 준 대로 마음을 유지하여야 하느니라.

여리실견분 如理實見分 제오

수보리여, 네 생각은 어떠하냐? 가히 몸의 겉모습을 통하여 여래를 볼 수 있느냐 없느냐?

없나이다, 세존이시여. 몸의 겉모습, 곧 신(身)

15

상^相으로는 여래를 볼 수 없나이다. 왜냐하면 여래께서 말씀하오신 신상 또한 신상이 아니기 때문입니다.

부처님께서 수보리에게 말씀하셨다.

무릇 있는 바 상은
다 헛되고 망령된 것이니
만약 모든 상이 상 아님을 보면
곧바로 진실한 여래를 보게 되느니라

凡所有相 皆是虛妄 若見諸相非相 卽見如來

정신희유분 正信希有分　제육

수보리가 부처님께 아뢰었다.
세존이시여, 자못 어떤 중생이 이와 같은 말씀이나 글귀를 보고 진실한 믿음을 낼 수 있겠나이까?
부처님께서 수보리에게 말씀하셨다.
그러한 말을 하지 말라. 여래가 열반에 든

뒤 후오백세^{後 五百歲}에 계를 지키고 복을 닦는 자는 이 가르침에 대해 능히 바른 신심을 내고 이를 진실로 삼으리라. 마땅히 알아라. 이 사람은 한 부처님이나 두 부처님, 셋·넷·다섯 부처님께만 선근을 심은 것이 아니라 이미 한량이 없는 천만 부처님께 갖가지 선근을 심었으므로, 이 가르침을 듣고 한 생각에 깨끗한 믿음을 내느니라.

수보리여, 여래는 이러한 모든 중생이 한량없는 복덕을 얻음을 능히 다 알고 보시느니라. 무슨 까닭인가? 이 모든 중생에게 다시는 아상·인상·중생상·수자상이 없고, '법이라 생각하는 법상^{法 相}'도 없으며, 또한 '법이 아니라고 생각하는 비법상^{非 法 相}'도 없기 때문이니라.

무슨 까닭인가? 이 모든 중생이 마음에 어떤 상을 취하게 되면 아상·인상·중생상·수자상에 집착한 것이 되느니라. 또 무슨 까

닭인가? 만약 '법이라는 상'을 취하게 되면 아상·인상·중생상·수자상에 집착한 것이 되며, 만약 '법이 아니라는 상'을 취하여도 아상·인상·중생상·수자상에 집착한 것이 되느니라.

그러므로 마땅히 법도 취하지 말고 법 아닌 것도 취하지 말지니라. 이러한 까닭에 여래는 항상 '비구들이여, 너희는 나의 설한 법을 뗏목처럼 여겨야 한다'고 말한 것이다. 이렇게 법도 오히려 놓아버려야 하거늘, 하물며 법 아닌 것이랴.

무득무설분 無得無說分 제칠

수보리여, 네 생각은 어떠하냐? 여래가 '아뇩다라삼먁삼보리를 얻었다'고 하느냐? 여래가 '설한 바 법이 있다'고 하느냐?

수보리가 아뢰었다.

제가 부처님께서 설하신 바의 뜻을 알기로

는 아뇩다라삼먁삼보리라고 이름할 만한 정해진 법이 없으며, 여래께서 설하시는 정해진 법 또한 없나이다. 왜냐하면 여래께서 설하시는 법은 가히 다 취할 수도 없고 가히 다 말할 수도 없으며, 법도 아니요 법 아님도 아니기 때문입니다. 무슨 까닭인가? 모든 현성들은 다 무위법無爲法으로 차별을 삼기 때문입니다.

의법출생분 依法出生分 제팔

수보리여, 네 생각은 어떠하냐? 어떤 사람이 삼천대천세계에 가득 찰 만큼의 일곱 가지 보배로써 보시를 하였다면, 그 사람의 얻는 바 복덕이 많겠느냐 적겠느냐?

수보리가 아뢰었다.

매우 많겠나이다, 세존이시여. 왜냐하면 이 복덕은 복덕성福德性이 아니기 때문입니다. 그러므로 여래께서는 복덕이 많다고 하셨습니다.

만약 어떤 사람이 있어 이 경 속의 사구게(四句偈)만이라도 받아지녀서 남을 위하여 설해 준다면, 그 복덕은 앞에서 말한 복덕보다 훨씬 더 뛰어나니라. 무슨 까닭인가? 수보리여, 모든 부처님과 모든 부처님의 아뇩다라삼먁삼보리법이 모두 이 경전에서 나오기 때문이니라. 수보리여, 이른바 불법(佛法)이라는 것은 곧 불법이 아니니라.

일상무상분 一相無相分   제구

수보리여, 네 생각은 어떠하냐? 수다원이 스스로 생각하기를, '나는 수다원과(須陀洹果)를 얻었노라' 고 하겠느냐?

수보리가 아뢰었다.

아니옵니다, 세존이시여. 왜냐하면 수다원을 이름하여 입류(入流)라고 하나 들어간 바가 없으니, 색성향미촉법에 들어가지 않았으므로 수다원이라 이름하옵니다.

수보리여, 네 생각은 어떠하냐? 사다함이
스스로 생각하기를, '나는 사다함과를 얻었
노라'고 하겠느냐?

斯陀含果

수보리가 아뢰었다.

아니옵니다, 세존이시여. 왜냐하면 사다함
을 이름하여 일왕래라 하지만, 실제로는 가
고 옴이 없으므로 사다함이라 이름하옵니다.

一往來

수보리여, 네 생각은 어떠하냐? 아나함이
스스로 생각하기를, '나는 아나함과를 얻었
노라'고 하겠느냐?

阿那含果

수보리가 아뢰었다.

아니옵니다, 세존이시여. 왜냐하면 아나함
을 이름하여 불래라고 하지만, 실제로는 오
지 않음이 없으므로 아나함이라 이름하옵니
다.

不來

수보리여, 네 생각은 어떠하냐? 아라한이
스스로 생각하기를, '나는 아라한도를 얻었
노라'고 하겠느냐?

阿羅漢道

수보리가 아뢰었다.

아니옵니다, 세존이시여. 왜냐하면 실제의 진리에는 아라한이라는 이름이 없기 때문입니다. 세존이시여, 만약 아라한이 스스로 생각하기를, '나는 아라한도를 얻었노라' 고 하면, 그것은 곧 아상·인상·중생상·수자상에 집착함입니다.

無静三昧

세존이시여, 부처님께서는 저를 '무쟁삼매를 얻은 사람들 중에 최고요 욕심을 떠난 제일의 아라한' 이라고 하시지만, 제 스스로는 '내가 욕심을 떠난 아라한' 이라는 생각을 하지 않나이다.

세존이시여, 제가 만약 '나는 아라한도를 얻었다' 고 생각한다면, 세존께서 '수보리는

阿蘭那行

아란나행을 즐기는 이' 라고 말씀하지 않을 것이옵니다. 그러나 수보리의 행하는 바가 실로 없기 때문에 '수보리는 아란나행을 즐기는 이' 라고 말씀하시나이다.

장엄정토분 莊嚴淨土分 제십

부처님께서 수보리에게 말씀하셨다.

네 생각은 어떠하냐? 그 옛날에 여래가 연등불(燃燈佛)의 처소에서 법을 얻은 바가 있다고 생각하느냐?

아니옵니다, 세존이시여. 여래께서는 연등불의 처소에서 실로 법을 얻은 바가 없습니다.

수보리여, 네 생각은 어떠하냐? 보살이 불국토를 장엄하느냐?

아니옵니다, 세존이시여. 왜냐하면 불국토를 장엄한다는 것은 곧 장엄이 아니요 그 이름이 장엄이기 때문입니다.

그런 까닭에 수보리여, 모든 보살마하살은 마땅히 이와 같이 청정한 마음을 내어야 하나니, 마땅히 색에 머물러 마음을 내지 말 것이요 소리와 냄새와 맛과 감촉과 법에 머물러 마음을 내지 말 것이며, 마땅히 머무는 바

없이 그 마음을 내어야 하느니라[應無所住 而生其心].

수보리여, 비유하건대 어떤 사람의 몸이 수미산만하다면, 네 생각은 어떠하냐? 그 몸이 크다고 하겠느냐?

수보리가 아뢰었다.

매우 크겠나이다, 세존이시여. 왜냐하면 부처님께서는 몸 아닌 것을 말씀하시어 큰 몸이라고 이름하셨기 때문입니다.

무위복승분 無爲福勝分   제십일

수보리여, 항하(恒河)에 있는 모래알 수만큼이나 많은 항하가 또 있다고 한다면, 네 생각은 어떠하냐? 이 모든 항하들의 모래가 얼마나 많겠느냐?

수보리가 아뢰었다.

매우 많겠나이다, 세존이시여. 단지 모든 항하의 수만 하여도 오히려 헤아릴 수 없이

많은 것이거늘, 하물며 그 모래알의 수이겠나이까?

수보리여, 내 이제 진실한 말로 그대에게 이르노니, 만약 선남자 선여인이 칠보로써 저 항하의 모래알 수만큼이나 많은 삼천대천세계에 가득 차도록 보시를 한다면, 그 얻을 바 복덕이 얼마나 많겠느냐?

수보리가 아뢰었다.

매우 많나이다, 세존이시여.

부처님께서 수보리에게 말씀하셨다.

만약 선남자 선여인이 이 경 가운데 사구게만이라도 받아지니고 다른 사람을 위해 설한다면, 이 복덕은 앞의 칠보 보시의 복덕보다 더 수승하니라.

존중정교분 尊重正教分 제십이

또한 수보리여, 마땅히 알지어다. 이 경의 사구게만을 설할지라도, 일체 세간의 천상 ·

인간·아수라 등이 그를 공양하기를 부처님의 탑과 절에 공양하듯 하느니라. 하물며 어떤 사람이 이 경을 모두 수지하고 독송함에 있어서랴.

수보리여, 마땅히 알지어다. 이 사람은 가장 높은 법, 제일가는 법, 희유한 법을 성취하게 되나니, 이 경전이 있는 곳에는 곧 부처님과 존중받는 제자들이 함께 계심이니라.

여법수지분 如法受持分 제십삼

그때 수보리가 부처님께 아뢰었다.

세존이시여, 이 경의 이름을 무엇이라 하며, 저희들이 어떻게 받들어 지니오리까?

부처님께서 수보리에게 말씀하셨다.

이 경의 이름은 '금강반야바라밀'이니, 마땅히 이러한 이름대로 너희들은 받들어 지닐지니라. 무슨 까닭인가? 수보리여, 부처가 설하는 반야바라밀은 곧 반야바라밀이 아니요

그 이름이 반야바라밀이니라.

수보리여, 네 생각은 어떠하냐? 여래가 설한 바 법이 있느냐?

수보리가 아뢰었다.

세존이시여, 여래께서는 설한 바가 없나이다.

수보리여, 네 생각은 어떠하냐? 삼천대천세계에는 티끌이 얼마나 많겠느냐?

수보리가 아뢰었다.

매우 많나이다. 세존이시여.

수보리여, 여래는 모든 티끌이 티끌이 아니요 그 이름이 티끌이라고 말하며, 여래는 세계도 세계가 아니라 그 이름이 세계라고 말하느니라.

수보리여, 네 생각은 어떠하냐? 가히 삼십이상으로 여래를 볼 수 있다고 하겠느냐?

아닙니다, 세존이시여. 삼십이상으로는 여래를 보지 못하옵니다. 왜냐하면 여래께서

설하신 삼십이상은 곧 삼십이상이 아니요, 그 이름이 삼십이상이기 때문입니다.

수보리여, 만약 어떤 선남자 선여인이 항하의 모래알 수만큼이나 많은 몸과 목숨을 바쳐 보시를 할지라도, 어떤 사람이 이 경 속의 사구게만이라도 받들어 지니고 남을 위해 설해 준다면, 그 복이 훨씬 더 뛰어나니라.

이상적멸분 離相寂滅分　제십사

그때 수보리가 이 경을 설하심을 듣고 깊이 그 뜻을 깨달아 눈물을 흘리며 부처님께 아뢰었다.

희유하옵니다, 세존이시여. 부처님께서 심히 이와 같이 깊은 경전을 설하심은 제가 에로부터 얻은 바 지혜의 눈으로는 일찍이 한 번도 듣지 못하였나이다.

세존이시여, 만약 어떤 사람이 이 경을 듣고 신심이 청정하면 곧 실상(實相)을 깨달으리니,

28

마땅히 이 사람이 제일 희유한 공덕을 성취한 줄로 알겠나이다. 세존이시여, 이 실상은 곧 상이 아니오며, 그러한 까닭으로 여래께서는 실상이라고 하셨나이다.

세존이시여, 저는 이제 이 경전을 얻어 듣고 믿고 받아지니는 것이 그다지 어렵지 않사오나, 만약 앞으로 다가올 후오백세 뒤의 중생들이 이 경전을 얻어 듣고 믿고 받아지닌다면, 이 사람이야말로 가장 희유한 사람이 될 것입니다. 왜냐하면 이 사람은 아상도 없고, 인상·중생상·수자상도 없기 때문입니다.

무슨 까닭인가? 아상이 곧 상이 아니요, 인상·중생상·수자상도 곧 상이 아니기 때문입니다. 왜냐하면 일체의 모든 상을 떠난 것을 이름하여 제불(諸佛), 곧 '모든 부처님'이라고 하기 때문입니다.

부처님께서 수보리에게 말씀하셨다.

그러하고 또 그리하도다. 만약 어떤 사람이 이 경을 듣고 놀라지도 않고 겁내지도 않고 두려워하지도 않는다면, 마땅히 알라. 이 사람은 매우 희유한 사람이니라. 무슨 까닭인가? 수보리여, 여래가 말하는 제일바라밀은 제일바라밀이 아니요, 그 이름이 제일바라밀이기 때문이니라. 수보리여, 인욕바라밀도 여래는 인욕바라밀이 아니라고 설하나니, 그 이름이 인욕바라밀이니라.

무슨 까닭인가? 수보리여, 옛날 가리왕이 나의 몸을 베고 끊었을 때 나는 아상도 없었고 인상이 없었으며, 중생상도 없었고 수자상도 없었느니라. 내가 마디마디 사지를 끊길 그때, 아상이나 인상·중생상·수자상이 있었더라면, 마땅히 원망하는 마음을 내었을 것이니라.

수보리여, 또 생각하니, 과거 오백세 동안 인욕선인이 되었던 그때에도 아상·인상·

중생상·수자상이 없었느니라.

그러므로 수보리여, 보살은 마땅히 일체의 상을 떠나서 아뇩다라삼먁삼보리심을 발하여야 하나니, 응당 색에 머물러 마음을 내지 말고 응당 소리와 냄새와 맛과 감촉과 법에 머물러 마음을 내지 말지니, 응당 머무르는 바 없이 마음을 낼지니라.

만약 마음에 머무르는 바가 있으면 곧바로 그 머무름을 지울지니, 그러므로 부처님들이 '보살은 응당 색에 얽매이지 않는 보시를 해야 한다'고 설하시는 것이다.

수보리여, 보살은 일체 중생을 이익되게 하기 위하여 마땅히 이와 같이 보시를 해야 하나니, 그래서 여래는 '일체의 모든 상이 곧 상이 아니요, 일체의 중생이 곧 중생이 아니다'라고 설하는 것이니라.

수보리여, 여래는 참다운 말을 하는 자이며, 실다운 말을 하는 자이며, 한결같은 말을

하는 자이며, 속임수 없는 말을 하는 자이며, 사실과 다르지 않은 말을 하는 자이니라.

수보리여, 여래가 얻은 이 법은 실도 없고 허(虛)도 없느니라. 수보리여, 만약에 보살이 마음을 그 무엇에 집착하여 보시를 하게 되면, 그는 마치 어둠 속에 들어가 아무것도 보지 못하는 사람과 같게 되느니라. 만약에 보살이 마음을 그 무엇에 집착하지 않고 보시를 하게 되면, 그는 마치 눈밝은 사람이 밝은 햇빛 아래에서 가지가지의 색을 분명히 보는 것과 같으니라.

수보리여, 장차 오는 세상의 선남자 선여인이 능히 이 경을 받아지니고 읽고 외우면, 여래는 곧 부처의 지혜로써 그 사람을 다 알고 다 보아, 그로 하여금 한량없고 가없는 공덕을 성취하게 하느니라.

지경공덕분 持經功德分   제십오

수보리여, 만약 어떤 선남자 선여인이 아침에 항하의 모래 수와 같은 몸으로 보시를 하고, 낮에 다시 항하의 모래 수와 같은 몸으로 보시를 하고, 저녁에 또한 항하의 모래 수와 같은 몸으로 보시를 하되 한량없는 백천만억겁 동안 몸으로 보시를 하더라도, 어떤 사람이 이 경전을 듣고 믿는 마음으로 거역하지 아니하였다면 그 복덕이 저 몸을 보시한 복덕보다 수승하니라. 하물며 경을 베껴 쓰거나, 받들어 지니고 독송하거나, 남을 위해 해설을 해주는 공덕이랴.

수보리여, 요점만 말한다면 이 경은 불가사의하여 가히 측량할 수 없고 가없는 공덕을 지니고 있나니, 여래는 대승의 마음을 발한 자를 위하여 이 경을 설하며 최상승(最上乘)의 마음을 발한 자를 위하여 이 경을 설하느니라. 만약 어떤 사람이 능히 이 경을 받들어 지니고 독송하고 널리 남을 위해 설하여 주면 여래는 이 사람을 다 알고 다 보나니, 이 사람은 가히 헤아릴 수 없고 말로 표현할 수 없는, 한없이 불가사의한 공덕을 모두 얻어 성취하게 되느니라. 이러한 사람은 곧바로 여래의 아뇩다라삼먁삼보리를 짊어지고 나아가느니라.

무슨 까닭인가? 만약 작은 법을 좋아하는 사람은 아견과 인견과 중생견과 수자견에 집착하기 때문에 이 경을 능히 들으려 하지 않고 받아들이려 하지 않으며, 독송을 하거나 남을 위해 해설을 해주지 못하느니라.

수보리여, 어느 곳이든지 이 경이 있는 곳이면 일체 세간의 천인과 인간과 아수라가 응당 공양을 하느니라. 마땅히 알아라. 이 경이 있는 곳은 곧 탑이 되나니, 모두가 공경하여 예배를 드리고 주위를 돌며 갖가지 꽃과 향을 뿌리느니라.

능정업장분 能淨業障分　제십육

또 수보리여, 선남자 선여인이 이 경을 받아지니고 독송하면서도 남에게 업신여김을 당하면, 이 사람은 전생의 죄업으로 마땅히 악도^{惡道}에 떨어질 것이로되, 금생에 업신여김을 받는 까닭으로 전생의 죄업이 곧 소멸되어 마땅히 아뇩다라삼먁삼보리를 얻게 되느니라.

수보리여, 내가 과거의 헤아릴 수 없는 아승지겁을 생각해보니, 연등불을 뵙기 전에 팔백사천만억 나유타 수의 많은 부처님을 만나 모두 다 공양하고 받들고 섬기어 헛되이 지냄이 없었느니라. 그런데 어떤 사람이 있어 앞으로 오는 말세에 능히 이 경을 받아지니고 독송을 하면, 내가 모든 부처님께 공양한 공덕으로는 그 공덕의 백분의 일에도 미치지 못하며, 천만억분의 일 내지 숫자의 비유로는 도저히 미칠 수가 없느니라.

수보리여, 만약 선남자 선여인이 앞으로 오는 말세에 이 경을 받아지니고 독송함으로써 얻게 되는 공덕을 다 갖추어 말한다면, 혹 어떤 사람은 듣고 마음이 산란해져서 여우처럼 의심하고 믿지 않을 것이니라. 수보리여, 마땅히 알아라. 이 경은 뜻도 불가사의하며 그 과보 또한 불가사의하니라.

구경무아분 究竟無我分　제십칠

그때 수보리가 부처님께 아뢰었다.

세존이시여, 선남자 선여인들이 아뇩다라삼먁삼보리심을 발한 다음, 마땅히 어떻게 머물러야 하며 어떻게 그 마음을 항복받아야 하나이까?

부처님께서 수보리에게 말씀하셨다.

만약 선남자 선여인이 아뇩다라삼먁삼보리심을 발하였으면 마땅히 이와 같이 마음을 내어야 하느니라. 곧 '나는 마땅히 일체 중생

을 <ruby>멸도<rt>滅度</rt></ruby>케 하리라' 하되, 일체 중생을 멸도케 하고 나서는 한 중생에 대해서도 '멸도시켰다'고 함이 없어야 하느니라.

어찌하여 그러한가? 만약 보살에게 아상·인상·중생상·수자상이 있으면 보살이 아니기 때문이니라. 무슨 까닭인가? 수보리여, 실로 법에는 아뇩다라삼먁삼보리심을 발하였다고 하는 것이 없기 때문이니라.

수보리여, 네 생각은 어떠하냐? 여래가 연등불의 처소에서 아뇩다라삼먁삼보리라고 하는 법을 얻었느냐?

아니옵니다, 세존이시여. 제가 부처님께서 말씀하시는 뜻을 이해하건대, 부처님께서는 연등불의 처소에서 아뇩다라삼먁삼보리라고 하는 법을 얻은 바가 없나이다.

부처님께서 말씀하셨다.

옳다, 옳다. 수보리여, 실로 여래는 아뇩다라삼먁삼보리라고 하는 법을 얻은 바가 없느

니라.

　수보리여, 만약 내가 아뇩다라삼먁삼보리라고 하는 법을 얻은 바가 있다고 하였다면 연등불께서는 나에게, '그대는 내세에 마땅히 부처를 이루어 호를 석가모니라 하리라'는 수기를 주시지 않았을 것이다. 실로 아뇩다라삼먁삼보리라고 하는 법을 얻은 바가 없었기 때문에 연등불께서는 나에게, '그대는 내세에 마땅히 부처를 이루어 호를 석가모니라 하리라'는 수기를 주신 것이니라. 무슨 까닭인가? 여래는 곧 '모든 법 그대로'라는 뜻이기 때문이니라.

　만약 어떤 이가 말하기를, '여래께서 아뇩다라삼먁삼보리를 얻었다'고 한다면 그는 잘못 말한 것이니라. 수보리여, 실로 부처님은 아뇩다라삼먁삼보리라고 하는 법을 얻은 바가 없느니라. 수보리여, 여래가 얻은 바 아뇩다라삼먁삼보리는 실도 없고 헛됨도 없나니,

이러한 까닭으로 여래는 '일체법이 다 불법^{佛法}
이다'고 설하느니라.

수보리여, 말한 바 일체법은 곧 일체법이
아니니라. 그러므로 그 이름을 일체법이라고
함이니, 수보리여, 비유하자면 어떤 사람의
몸을 장대하다고 하는 것과 같으니라.

수보리가 아뢰었다.

세존이시여, 여래께서 말씀하시는 장대한
몸은 곧 장대한 몸이 아니라 그 이름이 장대
한 몸이옵니다.

수보리여, 보살 또한 이와 같아서, 만약
'내가 한량없는 중생을 멸도케 한다'고 하
면, 곧 보살이라는 이름을 붙일 수 없느니라.
무슨 까닭인가?

수보리여, 실로 보살이라고 이름할 수 있
는 법은 없나니, 그러므로 부처님은 일체법
이 무아상이요 무인상이요 무중생상이요 무
수자상이라고 설하느니라.

수보리여, 만약 보살이 '내가 마땅히 불국토를 장엄한다'고 하면 그는 보살이라고 이름할 수 없느니라. 왜냐하면 여래가 설하는 '불국토의 장엄'은 곧 장엄이 아니라 그 이름이 장엄이기 때문이니라.

수보리여, 만약 보살이 무아법(無我法)을 통달하였으면 여래는 그를 '참다운 보살'이라고 이름하느니라.

일체동관분 一體同觀分 제십팔

수보리여, 네 생각은 어떠하냐? 여래에게 육안(肉眼)이 있느냐?

그러하옵니다, 세존이시여. 여래는 육안이 있사옵니다.

수보리여, 네 생각은 어떠하냐? 여래에게 천안(天眼)이 있느냐?

그러하옵니다, 세존이시여. 여래는 천안이 있사옵니다.

수보리여, 네 생각은 어떠하냐? 여래에게
혜안(慧眼)이 있느냐?

　　그러하옵니다, 세존이시여. 여래는 혜안이
있사옵니다.

　　수보리여, 네 생각은 어떠하냐? 여래에게
법안(法眼)이 있느냐?

　　그러하옵니다, 세존이시여. 여래는 법안이
있사옵니다.

　　수보리여, 네 생각은 어떠하냐? 여래에게
불안(佛眼)이 있느냐?

　　그러하옵니다, 세존이시여. 여래는 불안이
있사옵니다.

　　수보리여, 네 생각은 어떠하냐? 여래가 저
항하(恒河) 가운데 있는 모래를 모래라고 설한 적이
있느냐?

　　그러하옵니다, 세존이시여. 여래는 모래라
고 하신 적이 있사옵니다.

　　수보리여, 네 생각은 어떠하냐? 저 항하의

모래알 수만큼 많은 항하가 있고, 또 그 많은 항하에 있는 모래알 수만큼이나 많은 부처님의 세계가 있다고 한다면 그 세계가 얼마나 많다고 하겠느냐?

매우 많겠나이다, 세존이시여.

부처님께서 수보리에게 말씀하셨다.

그토록 많은 국토에서 살고 있는 모든 중생들의 갖가지 마음을 여래는 다 알고 있느니라. 왜냐하면 여래가 말한 모든 마음은 다 마음이 아니요, 그 이름이 마음이기 때문이니라. 무슨 까닭인가?

수보리여,

과거심도 얻을 수 없고

현재심도 얻을 수 없으며

미래심도 얻을 수 없기 때문이니라.

過去心不可得 現在心不可得 未來心不可得

법계통화분 法界通化分 **제십구**

수보리여, 네 생각은 어떠하냐? 어떤 사람이 칠보로써 삼천대천세계에 가득 찰 만큼의 보시를 하였다면, 이 사람은 그 인연으로 얻을 복이 많겠느냐?

그러하옵니다, 세존이시여. 이 사람은 그 인연으로 얻을 복이 매우 많겠나이다.

수보리여, 만약 복덕이 실체가 있는 것이라면 여래는 얻을 복덕이 많다고 말하지 않았을 것이나, 복덕이 본래 없는 까닭에 여래는 복덕이 많다고 설하느니라.

이색이상분 離色離相分　제이십

수보리여, 네 생각은 어떠하냐? 여래를 가히 구족색신(其足色身)을 통하여 볼 수 있느냐?

아니옵니다, 세존이시여. 구족색신으로는 여래를 마땅히 볼 수 없사옵니다. 왜냐하면 여래께서 설하신 구족색신은 곧 구족색신이 아니라 그 이름이 구족색신이기 때문입니다.

수보리여, 네 생각은 어떠하냐? 여래를 가히 여러 가지 거룩한 상호를 갖춘 겉모습, 곧 구족제상^{具足諸相}을 통하여 볼 수 있느냐?

아니옵니다, 세존이시여. 여러 가지 거룩한 상호를 갖춘 겉모습을 통해서는 마땅히 여래를 볼 수 없사옵니다. 왜냐하면 여래께서 설하신 거룩한 상호는 곧 여러 가지 거룩한 상호가 아니라 그 이름이 거룩한 상호이기 때문입니다.

비설소설분 非說所說分 제이십일

수보리여, 너희는 '여래께서 마땅히 설한 바 법이 있다는 생각을 하리라'는 생각을 짓지 말아야 하느니라. 무슨 까닭인가? 만약 어떤 사람이 여래가 설한 바 법이 있다고 한다면 이는 곧 부처님을 비방하는 것이니, 내가 설한 바를 잘 이해하지 못한 것이기 때문이니라. 수보리여, 법을 설한다고 하나 가히 설

할 만한 법이 없나니, 곧 그 이름이 설법이니라.

그때 혜명 수보리가 부처님께 아뢰었다.

세존이시여, 미래의 세상에 자못 어떤 중생이 있어 이 법을 설하심을 듣고 신심을 내겠나이까?

부처님께서 말씀하셨다.

수보리여, 저들은 중생도 아니요 중생이 아님도 아니니라. 왜냐하면 수보리여, '중생·중생'이라 함에 대해 여래는 중생이 아니라고 설하나니, 곧 그 이름이 중생이니라.

무법가득분 無法可得分　제이십이

수보리가 부처님께 아뢰었다.

세존이시여, 부처님께서 아뇩다라삼먁삼보리를 얻으심은 얻은 바가 없음이나이까?

부처님께서 말씀하셨다.

그러하고 그러하니라. 수보리여, 나는 아

녹다라삼먁삼보리에 있어 어떠한 조그마한 법도 가히 얻은 것이 없기에, 이를 이름하여 아뇩다라삼먁삼보리라 하느니라.

정심행선분 淨心行善分　제이십삼

또한 수보리여, 이 법은 평등하여 높고 낮음이 없으므로 아뇩다라삼먁삼보리라 이름하나니, 아상도 없고 인상도 없고 중생상도 없고 수자상도 없이 일체의 선한 법을 닦으면 곧 아뇩다라삼먁삼보리를 얻느니라. 수보리여, 이른바 선법(善法)이라고 하는 것을 여래는 곧 선법이 아니라 그 이름이 선법이라고 설하느니라.

복지무비분 福智無比分　제이십사

수보리여, 만약 삼천대천세계에 있는 모든 수미산만한 칠보 덩어리를 어떤 사람이 가져다 보시하더라도, 어떤 사람이 금강반야바라

46

밀경이나 사구게만이라도 받아지녀 읽고 외우고 남을 위해 해설해 준다면, 앞의 복덕으로는 백분의 일도 미치지 못하며 백천만억분의 일 내지 헤아림이나 비유로도 능히 미치지 못하느니라.

화무소화분 化無所化分   제이십오

수보리여, 네 생각은 어떠하나? 너희들은 '여래께서 마땅히 중생을 제도한다'는 생각을 하지 말지니라. 수보리여, 이런 생각을 하지 말라고 한 까닭이 무엇인가? 실로 여래가 제도할 중생이 없기 때문이니, 만일 여래가 제도할 중생이 있다고 한다면, 여래에게 곧 아상·인상·중생상·수자상이 있음이니라.

수보리여, 여래가 설한 '나가 있음'은 곧 '나가 있음'이 아니거늘, 범부들은 '나가 있다'고 하느니라. 수보리여, 여래는 범부에 대해서도 곧 범부가 아니라 그 이름이 범부라

고 설하느니라.

법신비상분 法身非相分 제이십육

수보리여, 네 생각은 어떠하냐? 가히 삼십이상으로써 여래를 볼 수 있느냐?

수보리가 아뢰었다.

그러하옵니다, 그러하옵니다. 삼십이상으로써 여래를 볼 수 있사옵니다.

부처님께서 말씀하셨다.

수보리여, 만약 삼십이상으로써 여래를 볼 수 있다면 전륜성왕도 곧 여래라고 할 수 있으리라.

수보리가 부처님께 아뢰었다.

세존이시여, 제가 부처님께서 설하신 뜻을 이해하기로는 마땅히 삼십이상으로는 여래를 볼 수 없사옵니다.

그때 세존께서 게송으로 말씀하셨다.

만약 색신으로써 나를 보려 하거나
음성으로써 나를 구하려 하면
이 사람은 삿된 도를 행함이라
능히 여래를 보지 못하느니라

若以色見我 以音聲求我 是人行邪道 不能見如來

무단무멸분 無斷無滅分　제이십칠

수보리여, 네가 만약 '여래가 상(相)을 구족하지 않은 까닭에 아뇩다라삼먁삼보리를 얻었다'라고 생각한다면, 수보리여, '여래가 상을 구족하지 않은 까닭에 아뇩다라삼먁삼보리를 얻었다'는 생각을 하지 말지니라.

수보리여, 네가 '아뇩다라삼먁삼보리의 마음을 일으킨 사람은 모든 법이 끊어져 아주 없어졌다[斷滅]'라고 생각한다면, 그와 같은 생각을 하지 말라. 왜냐하면 아뇩다라삼먁삼보리의 마음을 일으킨 사람은 법에 있어 단멸(斷滅)의 상이 있다고 말하지 않기 때문이니라.

불수불탐분 不受不貪分 　제이십팔

수보리여, 만약 어떤 보살은 항하의 모래 알과 같은 수많은 세계에 가득 찰 만큼의 칠보를 보시하고, 어떤 보살은 일체의 법이 무아임을 알아 깨달음을 얻었다면, 이 보살이 얻는 공덕이 앞의 보살이 얻는 공덕보다 수승하니라. 무슨 까닭인가? 수보리여, 보살들은 복덕을 받지 않기 때문이니라.

수보리가 부처님께 아뢰었다.

세존이시여, 어찌하여 보살은 복덕을 받지 않는다고 하시나이까?

수보리여, 보살은 지은 바 복덕에 대해 마땅히 탐착하지 않는 까닭으로 복덕을 받지 않는다고 말하느니라.

위의적정분 威儀寂靜分 　제이십구

수보리여, 만약 어떤 사람이 말하기를 '여래가 온다거나 간다거나 앉는다거나 눕는다'

고 한다면 이 사람은 내가 설한 바 뜻을 알지 못함이니라. 무슨 까닭인가? 여래는 어디로부터 오는 바도 없고, 또한 어디를 향하여 가는 바도 없기 때문에 여래라 이름하느니라.

일합이상분 一合理相分 제삼십

수보리여, 만약 선남자 선여인이 삼천대천세계를 부수어 작은 티끌로 만들었다면, 네 생각이 어떠하냐? 이 작은 티끌들이 많다고 하겠느냐?

수보리가 아뢰었다.

매우 많겠나이다, 세존이시여. 왜냐하면 만약 이 작은 티끌들이 실제로 있는 것이라면 부처님께서는 곧 '작은 티끌들'이라고 말씀하시지 않으셨을 것이기 때문이옵니다. 왜냐하면, 부처님께서 말씀하시는 작은 티끌들은 곧 작은 티끌들이 아니라, 그 이름이 작은 티끌들이기 때문입니다.

세존이시여, 여래께서 말씀하신 삼천대천세계도 곧 세계가 아니라 그 이름이 세계일 뿐이옵니다. 왜냐하면 만약 세계가 실로 있는 것이라면 곧 그것을 한 덩어리인 일합상이라고 할 것이오나, 여래께서 말씀하신 일합상은 곧 일합상이 아니라 그 이름이 일합상이기 때문입니다.

一合相

수보리여, 일합상은 가히 말로써 표현할 수 없는 것이건만, 범부들은 그 일에 탐착을 하느니라.

지견불생분 知見不生分　제삼십일

수보리여, 만일 어떤 사람이 '부처님께서 아견·인견·중생견·수자견을 말씀하셨다'고 한다면, 수보리여, 내 생각은 어떠하냐? 이 사람이 내가 말한 뜻을 안다고 하겠느냐?

아니옵니다. 세존이시여, 이 사람은 여래

께서 말씀하신 뜻을 이해하지 못하는 것이옵니다. 왜냐하면 세존께서 말씀하신 아견 · 인견 · 중생견 · 수자견은 곧 아견 · 인견 · 중생견 · 수자견이 아니라 그 이름이 아견 · 인견 · 중생견 · 수자견일 뿐이기 때문입니다.

　수보리여, 아뇩다라삼먁삼보리의 마음을 일으킨 사람은 일체법을 마땅히 이와 같이 알고 이와 같이 보며 이와 같이 믿고 이해하여 법상(法相)을 내지 말아야 하느니라. 수보리여, 이른바 법상에 대해서도 여래는 법상이 아니라 그 이름이 법상이라고 설하느니라.

응화비진분 應化非眞分　제삼십이

　수보리여, 만약 어떤 사람이 한량없는 아승지 세계에 가득 찰 만큼의 칠보로써 보시를 하고, 어떤 선남자 선여인이 보살심을 발하여 이 경이나 이 경의 사구게만이라도 받아지니고 읽고 외우고 다른 이를 위해 연설

하여 주면, 그의 복이 앞의 복보다 더욱 수승하니라. 어떻게 다른 이를 위해 연설하여 줄 것인가? 상을 취하지 않고 여여부동하라. 무슨 까닭이냐?

如如不動

일체의 유위법은
꿈·환상·물거품·그림자와 같고
이슬과 같고 또한 번개와 같나니
마땅히 이와 같이 관할지니라

一切有爲法　如夢幻泡影　如露亦如電　應作如是觀

부처님께서 이 경을 설하여 마치시니, 장로 수보리와 여러 비구와 비구니와 우바새와 우바이와 일체 세간의 하늘사람·인간·아수라 등이 부처님께서 설하신 말씀을 듣고 모두 크게 환희하여, 믿고 받들어 행하였다.

금강반야바라밀경
金 剛 般 若 波 羅 蜜 經

법회인유분 法會因由分 　제일

이와 같이 나는 들었다.

어느 때 부처님께서는 사위국의 기수급고독원에서 천이백오십 인의 큰비구 제자들과 함께 계시었다.

이날도 세존께서는 공양시간이 되자, 가사를 입으신 뒤 바루를 들고 사위성으로 나아가 한집 한집 차례대로 밥을 빌어 마치시고 본처로 돌아와 공양을 하시었다.

그리고 가사와 바루를 제자리에 정돈해 놓으시고 발을 씻은 다음 자리를 펴고 앉으셨다.

선현기청분 善現起請分　제이

그때, 장로 수보리존자가 대중과 함께 있다가 자리에서 일어나 오른쪽 어깨에 옷을 벗어 매고 오른쪽 무릎을 꿇어 합장하며 부처님께 아뢰었다.

희유하옵니다, 세존이시여. 여래께서는 언제나 모든 보살들을 잘 보살펴 주시며, 모든 보살들에게 잘 당부하고 계십니다.

세존이시여! 선남자 선여인들이 아녹다라삼먁삼보리심을 발한 다음, 마땅히 어떻게 그 마음을 유지하여야 하며, 어떻게 그 마음을 항복받아야 하나이까?

부처님께서 말씀하셨다.

착하고 착하도다, 수보리여. 네 말과 같이 여래는 모든 보살들을 두루 잘 보살피며, 모든 보살들에게 언제나 잘 당부하느니라. 너희는 이제 자세히 들으라. 내 너희를 위해 설해 주리라. 선남자 선여인들이 아녹다라삼먁삼보리심을 낸 다음에는 마땅히 이와 같이 그 마음을 유지하고, 이와 같이 그 마음을 항복받아야 하느니라.

그러하옵니다, 세존이시여. 원컨대 기쁜 마음으로 듣고자 하옵니다.

대승정종분 大乘正宗分　제삼

부처님께서 수보리에게 말씀하셨다.

모든 보살마하살들은 마땅히 이와 같이 그 마음을 항복받아야 할 것이니, 이른바 온갖 중생들, 곧 난생·태생·습생·화생의 중생과 형태가 있는 중생·형태가 없는 중생·생각이 있는 중생·생각이 없는 중생·생각이 있는 것도 아니요 생각이 없는 것도 아닌 중생 모두를 나는 무여열반에 들어 해탈하게 하느니라.

無 餘 涅 槃

이와 같이 한량없고 수가 없고 끝이 없는 중생을 해탈시키지만, 실은 한 중생도 해탈

을 얻게 하였다는 생각이 없느니라.

무슨 까닭인가? 수보리여, 만약 보살에게
我相 人相 衆生相 壽者相
아상·인상·중생상·수자상이 있다고 한다
면, 그는 진정한 보살이라 할 수 없기 때문이
니라.

묘행무주분 妙行無住分　제사

또 수보리여, 보살은 마땅히 그 어디에도
머무는 바 없이 보시를 해야 하나니, 이른바
모양에 얽매임 없이 보시를 해야 하며, 소리
나 냄새나 맛이나 감촉이나 생각에 얽매임
없이 보시를 해야 하느니라. 수보리여, 보살
은 마땅히 이와 같이 보시하여 어떠한 상에도
집착을 하지 말아야 하느니라. 무슨 까닭인
가? 만약 보살이 상에 집착을 하지 않고 보시
를 하면 그 복덕이 가히 헤아릴 수 없이 크기
때문이니라.

수보리여, 네 생각은 어떠하냐? 동쪽 허공

의 크기를 가히 헤아릴 수 있겠느냐?

헤아릴 수 없나이다, 세존이시여.

그렇다면 수보리여, 남쪽·서쪽·북쪽 등의 허공과 동남·서남·동북·서북쪽과 위·아래 허공의 크기는 가히 헤아릴 수 있겠느냐?

헤아릴 수 없나이다, 세존이시여.

수보리여, 보살이 상에 집착함이 없이 베푸는 무주상보시(無住相布施)의 복덕 또한 이와 같아서, 가히 헤아릴 수가 없느니라. 그러므로 수보리여, 보살은 마땅히 지금 내가 가르쳐 준 대로 마음을 유지하여야 하느니라.

여리실견분 如理實見分　제오

수보리여, 네 생각은 어떠하냐? 가히 몸의 겉모습을 통하여 여래를 볼 수 있느냐 없느냐?

없나이다, 세존이시여. 몸의 겉모습, 곧 신

상으로는 여래를 볼 수 없나이다. 왜냐하면
여래께서 말씀하오신 신상 또한 신상이 아니
기 때문입니다.
　　부처님께서 수보리에게 말씀하셨다.

　　무릇 있는 바 상은
　　다 헛되고 망령된 것이니
　　만약 모든 상이 상 아님을 보면
　　곧바로 진실한 여래를 보게 되느니라
　　凡所有相　皆是虛妄　若見諸相非相　卽見如來

정신희유분 正信希有分　제육
　　수보리가 부처님께 아뢰었다.
　　세존이시여, 자못 어떤 중생이 이와 같은
말씀이나 글귀를 보고 진실한 믿음을 낼 수
있겠나이까?
　　부처님께서 수보리에게 말씀하셨다.
　　그러한 말을 하지 말라. 여래가 열반에 든

뒤 후오백세_{後 五 百 歲}에 계를 지키고 복을 닦는 자는 이 가르침에 대해 능히 바른 신심을 내고 이를 진실로 삼으리라. 마땅히 알아라. 이 사람은 한 부처님이나 두 부처님, 셋·넷·다섯 부처님께만 선근을 심은 것이 아니라 이미 한량이 없는 천만 부처님께 갖가지 선근을 심었으므로, 이 가르침을 듣고 한 생각에 깨끗한 믿음을 내느니라.

수보리여, 여래는 이러한 모든 중생이 한량없는 복덕을 얻음을 능히 다 알고 보시느니라. 무슨 까닭인가? 이 모든 중생에게 다시는 아상·인상·중생상·수자상이 없고, '법이라 생각하는 법상_{法 相}'도 없으며, 또한 '법이 아니라고 생각하는 비법상_{非 法 相}'도 없기 때문이니라.

무슨 까닭인가? 이 모든 중생이 마음에 어떤 상을 취하게 되면 아상·인상·중생상·수자상에 집착한 것이 되느니라. 또 무슨 까

닭인가? 만약 '법이라는 상'을 취하게 되면 아상·인상·중생상·수자상에 집착한 것이 되며, 만약 '법이 아니라는 상'을 취하여도 아상·인상·중생상·수자상에 집착한 것이 되느니라.

그러므로 마땅히 법도 취하지 말고 법 아닌 것도 취하지 말지니라. 이러한 까닭에 여래는 항상 '비구들이여, 너희는 나의 설한 법을 뗏목처럼 여겨야 한다'고 말한 것이다. 이렇게 법도 오히려 놓아버려야 하거늘, 하물며 법 아닌 것이랴.

무득무설분 無得無說分 제칠

수보리여, 네 생각은 어떠하나? 여래가 '아뇩다라삼먁삼보리를 얻었다'고 하느냐? 여래가 '설한 바 법이 있다'고 하느냐?

수보리가 아뢰었다.

제가 부처님께서 설하신 바의 뜻을 알기로

는 아뇩다라삼먁삼보리라고 이름할 만한 정해진 법이 없으며, 여래께서 설하시는 정해진 법 또한 없나이다. 왜냐하면 여래께서 설하시는 법은 가히 다 취할 수도 없고 가히 다 말할 수도 없으며, 법도 아니요 법 아님도 아니기 때문입니다. 무슨 까닭인가? 모든 현성들은 다 무위법[無爲法]으로 차별을 삼기 때문입니다.

의법출생분 依法出生分　제팔

수보리여, 네 생각은 어떠하냐? 어떤 사람이 삼천대천세계에 가득 찰 만큼의 일곱 가지 보배로써 보시를 하였다면, 그 사람의 얻는 바 복덕이 많겠느냐 적겠느냐?

수보리가 아뢰었다.

매우 많겠나이다, 세존이시여. 왜냐하면 이 복덕은 복덕성[福德性]이 아니기 때문입니다. 그러므로 여래께서는 복덕이 많다고 하셨습니다.

만약 어떤 사람이 있어 이 경 속의 사구게^{四句偈}
만이라도 받아지녀서 남을 위하여 설해 준다
면, 그 복덕은 앞에서 말한 복덕보다 훨씬 더
뛰어나니라. 무슨 까닭인가? 수보리여, 모든
부처님과 모든 부처님의 아뇩다라삼먁삼보
리법이 모두 이 경전에서 나오기 때문이니
라. 수보리여, 이른바 불법^{佛法}이라는 것은 곧 불
법이 아니니라.

일상무상분 一相無相分   제구

수보리여, 네 생각은 어떠하나? 수다원이
스스로 생각하기를, '나는 수다원과^{須陀洹果}를 얻었
노라' 고 하겠느냐?

수보리가 아뢰었다.

아니옵니다, 세존이시여. 왜냐하면 수다원
을 이름하여 입류^{入流}라고 하나 들어간 바가 없
으니, 색성향미촉법에 들어가지 않았으므로
수다원이라 이름하옵니다.

수보리여, 네 생각은 어떠하냐? 사다함이
스스로 생각하기를, '나는 사다함과를 얻었
노라' 고 하겠느냐?

斯陀含果

수보리가 아뢰었다.

아니옵니다, 세존이시여. 왜냐하면 사다함
을 이름하여 일왕래라 하지만, 실제로는 가
고 옴이 없으므로 사다함이라 이름하옵니다.

往來

수보리여, 네 생각은 어떠하냐? 아나함이
스스로 생각하기를, '나는 아나함과를 얻었
노라' 고 하겠느냐?

阿那含果

수보리가 아뢰었다.

아니옵니다, 세존이시여. 왜냐하면 아나함
을 이름하여 불래라고 하지만, 실제로는 오
지 않음이 없으므로 아나함이라 이름하옵니
다.

不來

수보리여, 네 생각은 어떠하냐? 아라한이
스스로 생각하기를, '나는 아라한도를 얻었
노라' 고 하겠느냐?

阿羅漢道

65

수보리가 아뢰었다.

　아니옵니다, 세존이시여. 왜냐하면 실제의 진리에는 아라한이라는 이름이 없기 때문입니다. 세존이시여, 만약 아라한이 스스로 생각하기를, '나는 아라한도를 얻었노라' 고 하면, 그것은 곧 아상·인상·중생상·수자상에 집착함입니다.

　세존이시여, 부처님께서는 저를 '무쟁삼매[無諍三昧]를 얻은 사람들 중에 최고요 욕심을 떠난 제일의 아라한' 이라고 하시지만, 제 스스로는 '내가 욕심을 떠난 아라한' 이라는 생각을 하지 않나이다.

　세존이시여, 제가 만약 '나는 아라한도를 얻었다' 고 생각한다면, 세존께서 '수보리는 아란나행[阿蘭那行]을 즐기는 이' 라고 말씀하지 않을 것이옵니다. 그러나 수보리의 행하는 바가 실로 없기 때문에 '수보리는 아란나행을 즐기는 이' 라고 말씀하시나이다.

장엄정토분 莊嚴淨土分 제십

부처님께서 수보리에게 말씀하셨다.

네 생각은 어떠하냐? 그 옛날에 여래가 연등불[燃燈佛]의 처소에서 법을 얻은 바가 있다고 생각하느냐?

아니옵니다, 세존이시여. 여래께서는 연등불의 처소에서 실로 법을 얻은 바가 없습니다.

수보리여, 네 생각은 어떠하냐? 보살이 불국토를 장엄하느냐?

아니옵니다, 세존이시여. 왜냐하면 불국토를 장엄한다는 것은 곧 장엄이 아니요 그 이름이 장엄이기 때문입니다.

그런 까닭에 수보리여, 모든 보살마하살은 마땅히 이와 같이 청정한 마음을 내어야 하나니, 마땅히 색에 머물러 마음을 내지 말 것이요 소리와 냄새와 맛과 감촉과 법에 머물러 마음을 내지 말 것이며, 마땅히 머무는 바

없이 그 마음을 내어야 하느니라[應無所住 而生
其心].

수보리여, 비유하건대 어떤 사람의 몸이
수미산만하다면, 네 생각은 어떠하냐? 그 몸
이 크다고 하겠느냐?

수보리가 아뢰었다.

매우 크겠나이다, 세존이시여. 왜냐하면
부처님께서는 몸 아닌 것을 말씀하시어 큰
몸이라고 이름하셨기 때문입니다.

무위복승분 無爲福勝分 제십일

수보리여, 항하에 있는 모래알 수만큼이나
많은 항하가 또 있다고 한다면, 네 생각은 어
떠하냐? 이 모든 항하들의 모래가 얼마나 많
겠느냐?

수보리가 아뢰었다.

매우 많겠나이다, 세존이시여. 단지 모든
항하의 수만 하여도 오히려 헤아릴 수 없이

많은 것이거늘, 하물며 그 모래알의 수이겠나이까?

수보리여, 내 이제 진실한 말로 그대에게 이르노니, 만약 선남자 선여인이 칠보로써 저 항하의 모래알 수만큼이나 많은 삼천대천세계에 가득 차도록 보시를 한다면, 그 얻을 바 복덕이 얼마나 많겠느냐?

수보리가 아뢰었다.

매우 많나이다, 세존이시여.

부처님께서 수보리에게 말씀하셨다.

만약 선남자 선여인이 이 경 가운데 사구게만이라도 받아지니고 다른 사람을 위해 설한다면, 이 복덕은 앞의 칠보 보시의 복덕보다 더 수승하니라.

존중정교분 尊重正教分   제십이

또한 수보리여, 마땅히 알지어다. 이 경의 사구게만을 설할지라도, 일체 세간의 천상 ·

인간·아수라 등이 그를 공양하기를 부처님의 탑과 절에 공양하듯 하느니라. 하물며 어떤 사람이 이 경을 모두 수지하고 독송함에 있어서랴.

수보리여, 마땅히 알지어다. 이 사람은 가장 높은 법, 제일가는 법, 희유한 법을 성취하게 되나니, 이 경전이 있는 곳에는 곧 부처님과 존중받는 제자들이 함께 계심이니라.

여법수지분 如法受持分 제십삼

그때 수보리가 부처님께 아뢰었다.

세존이시여, 이 경의 이름을 무엇이라 하며, 저희들이 어떻게 받들어 지니오리까?

부처님께서 수보리에게 말씀하셨다.

이 경의 이름은 '금강반야바라밀'이니, 마땅히 이러한 이름대로 너희들은 받들어 지닐지니라. 무슨 까닭인가? 수보리여, 부처가 설하는 반야바라밀은 곧 반야바라밀이 아니요

그 이름이 반야바라밀이니라.

수보리여, 네 생각은 어떠하냐? 여래가 설한 바 법이 있느냐?

수보리가 아뢰었다.

세존이시여, 여래께서는 설한 바가 없나이다.

수보리여, 네 생각은 어떠하냐? 삼천대천세계에는 티끌이 얼마나 많겠느냐?

수보리가 아뢰었다.

매우 많나이다. 세존이시여.

수보리여, 여래는 모든 티끌이 티끌이 아니요 그 이름이 티끌이라고 말하며, 여래는 세계도 세계가 아니라 그 이름이 세계라고 말하느니라.

수보리여, 네 생각은 어떠하냐? 가히 삼십이상^{三十二相}으로 여래를 볼 수 있다고 하겠느냐?

아닙니다, 세존이시여. 삼십이상으로는 여래를 보지 못하옵니다. 왜냐하면 여래께서

설하신 삼십이상은 곧 삼십이상이 아니요, 그 이름이 삼십이상이기 때문입니다.

수보리여, 만약 어떤 선남자 선여인이 항하의 모래알 수만큼이나 많은 몸과 목숨을 바쳐 보시를 할지라도, 어떤 사람이 이 경 속의 사구게만이라도 받들어 지니고 남을 위해 설해 준다면, 그 복이 훨씬 더 뛰어나니라.

이상적멸분 離相寂滅分 제십사

그때 수보리가 이 경을 설하심을 듣고 깊이 그 뜻을 깨달아 눈물을 흘리며 부처님께 아뢰었다.

희유하옵니다, 세존이시여. 부처님께서 심히 이와 같이 깊은 경전을 설하심은 제가 예로부터 얻은 바 지혜의 눈으로는 일찍이 한 번도 듣지 못하였나이다.

세존이시여, 만약 어떤 사람이 이 경을 듣고 신심이 청정하면 곧 실상(實相)을 깨달으리니,

마땅히 이 사람이 제일 희유한 공덕을 성취한 줄로 알겠나이다. 세존이시여, 이 실상은 곧 상이 아니오며, 그러한 까닭으로 여래께서는 실상이라고 하셨나이다.

세존이시여, 저는 이제 이 경전을 얻어 듣고 믿고 받아지니는 것이 그다지 어렵지 않사오나, 만약 앞으로 다가올 후오백세 뒤의 중생들이 이 경전을 얻어 듣고 믿고 받아지닌다면, 이 사람이야말로 가장 희유한 사람이 될 것입니다. 왜냐하면 이 사람은 아상도 없고, 인상·중생상·수자상도 없기 때문입니다.

무슨 까닭인가? 아상이 곧 상이 아니요, 인상·중생상·수자상도 곧 상이 아니기 때문입니다. 왜냐하면 일체의 모든 상을 떠난 것을 이름하여 제불, 곧 '모든 부처님'이라고 하기 때문입니다.

부처님께서 수보리에게 말씀하셨다.

그러하고 또 그러하도다. 만약 어떤 사람이 이 경을 듣고 놀라지도 않고 겁내지도 않고 두려워하지도 않는다면, 마땅히 알라. 이 사람은 매우 희유한 사람이니라. 무슨 까닭인가? 수보리여, 여래가 말하는 제일바라밀은 제일바라밀이 아니요, 그 이름이 제일바라밀이기 때문이니라. 수보리여, 인욕바라밀도 여래는 인욕바라밀이 아니라고 설하나니, 그 이름이 인욕바라밀이니라.

무슨 까닭인가? 수보리여, 옛날 가리왕이 나의 몸을 베고 끊었을 때 나는 아상도 없었고 인상이 없었으며, 중생상도 없었고 수자상도 없었느니라. 내가 마디마디 사지를 끊길 그때, 아상이나 인상·중생상·수자상이 있었더라면, 마땅히 원망하는 마음을 내었을 것이니라.

수보리여, 또 생각하니, 과거 오백세 동안 인욕선인이 되었던 그때에도 아상·인상·

중생상 · 수자상이 없었느니라.

　그러므로 수보리여, 보살은 마땅히 일체의 상을 떠나서 아뇩다라삼먁삼보리심을 발하여야 하나니, 응당 색에 머물러 마음을 내지 말고 응당 소리와 냄새와 맛과 감촉과 법에 머물러 마음을 내지 말지니, 응당 머무르는 바 없이 마음을 낼지니라.

　만약 마음에 머무르는 바가 있으면 곧바로 그 머무름을 지울지니, 그러므로 부처님들이 '보살은 응당 색에 얽매이지 않는 보시를 해야 한다' 고 설하시는 것이다.

　수보리여, 보살은 일체 중생을 이익되게 하기 위하여 마땅히 이와 같이 보시를 해야 하나니, 그래서 여래는 '일체의 모든 상이 곧 상이 아니요, 일체의 중생이 곧 중생이 아니다' 라고 설하는 것이니라.

　수보리여, 여래는 참다운 말을 하는 자이며, 실다운 말을 하는 자이며, 한결같은 말을

하는 자이며, 속임수 없는 말을 하는 자이며,
사실과 다르지 않은 말을 하는 자이니라.

수보리여, 여래가 얻은 이 법은 실(實)도 없고
허(虛)도 없느니라. 수보리여, 만약에 보살이 마
음을 그 무엇에 집착하여 보시를 하게 되면,
그는 마치 어둠 속에 들어가 아무것도 보지
못하는 사람과 같게 되느니라. 만약에 보살
이 마음을 그 무엇에 집착하지 않고 보시를
하게 되면, 그는 마치 눈밝은 사람이 밝은 햇
빛 아래에서 가지가지의 색을 분명히 보는
것과 같으니라.

수보리여, 장차 오는 세상의 선남자 선여
인이 능히 이 경을 받아지니고 읽고 외우면,
여래는 곧 부처의 지혜로써 그 사람을 다 알
고 다 보아, 그로 하여금 한량없고 가없는 공
덕을 성취하게 하느니라.

지경공덕분 持經功德分　제십오

수보리여, 만약 어떤 선남자 선여인이 아침에 항하의 모래 수와 같은 몸으로 보시를 하고, 낮에 다시 항하의 모래 수와 같은 몸으로 보시를 하고, 저녁에 또한 항하의 모래 수와 같은 몸으로 보시를 하되 한량없는 백천만억겁 동안 몸으로 보시를 하더라도, 어떤 사람이 이 경전을 듣고 믿는 마음으로 거역하지 아니하였다면 그 복덕이 저 몸을 보시한 복덕보다 수승하니라. 하물며 경을 베껴 쓰거나, 받들어 지니고 독송하거나, 남을 위해 해설을 해주는 공덕이랴.

수보리여, 요점만 말한다면 이 경은 불가사의하여 가히 측량할 수 없고 가없는 공덕을 지니고 있나니, 여래는 대승의 마음을 발한 자를 위하여 이 경을 설하며 최상승(最上乘)의 마음을 발한 자를 위하여 이 경을 설하느니라. 만약 어떤 사람이 능히 이 경을 받들어 지니고 독송하고 널리 남을 위해 설하여 주면 여래는 이 사람을 다 알고 다 보나니, 이 사람은 가히 헤아릴 수 없고 말로 표현할 수 없는, 한 없이 불가사의한 공덕을 모두 얻어 성취하게 되느니라. 이러한 사람은 곧바로 여래의 아뇩다라삼먁삼보리를 짊어지고 나아가느니라.

무슨 까닭인가? 만약 작은 법을 좋아하는 사람은 아견(我見)과 인견(人見)과 중생견(衆生見)과 수자견(壽者見)에 집착하기 때문에 이 경을 능히 들으려 하지 않고 받아들이려 하지 않으며, 독송을 하거나 남을 위해 해설을 해주지 못하느니라.

수보리여, 어느 곳이든지 이 경이 있는 곳이면 일체 세간의 천인과 인간과 아수라가 응당 공양을 하느니라. 마땅히 알아라. 이 경이 있는 곳은 곧 탑이 되나니, 모두가 공경하여 예배를 드리고 주위를 돌며 갖가지 꽃과 향을 뿌리느니라.

능정업장분 能淨業障分 제십육

또 수보리여, 선남자 선여인이 이 경을 받아지니고 독송하면서도 남에게 업신여김을 당하면, 이 사람은 전생의 죄업으로 마땅히 악도_{惡道}에 떨어질 것이로되, 금생에 업신여김을 받는 까닭으로 전생의 죄업이 곧 소멸되어 마땅히 아뇩다라삼먁삼보리를 얻게 되느니라.

수보리여, 내가 과거의 헤아릴 수 없는 아승지겁을 생각해보니, 연등불을 뵙기 전에 팔백사천만억 나유타 수의 많은 부처님을 만나 모두 다 공양하고 받들고 섬기어 헛되이 지냄이 없었느니라. 그런데 어떤 사람이 있어 앞으로 오는 말세에 능히 이 경을 받아지니고 독송을 하면, 내가 모든 부처님께 공양한 공덕으로는 그 공덕의 백분의 일에도 미치지 못하며, 천만억분의 일 내지 숫자의 비유로는 도저히 미칠 수가 없느니라.

수보리여, 만약 선남자 선여인이 앞으로 오는 말세에 이 경을 받아지니고 독송함으로써 얻게 되는 공덕을 다 갖추어 말한다면, 혹 어떤 사람은 듣고 마음이 산란해져서 여우처럼 의심하고 믿지 않을 것이니라. 수보리여, 마땅히 알아라. 이 경은 뜻도 불가사의하며 그 과보 또한 불가사의하니라.

구경무아분 究竟無我分 제십칠

그때 수보리가 부처님께 아뢰었다.

세존이시여, 선남자 선여인들이 아뇩다라삼먁삼보리심을 발한 다음, 마땅히 어떻게 머물러야 하며 어떻게 그 마음을 항복받아야 하나이까?

부처님께서 수보리에게 말씀하셨다.

만약 선남자 선여인이 아뇩다라삼먁삼보리심을 발하였으면 마땅히 이와 같이 마음을 내어야 하느니라. 곧 '나는 마땅히 일체 중생

을 멸도케 하리라' 하되, 일체 중생을 멸도케
^{減度}
하고 나서는 한 중생에 대해서도 '멸도시켰
다'고 함이 없어야 하느니라.

어찌하여 그러한가? 만약 보살에게 아상·
인상·중생상·수자상이 있으면 보살이 아니
기 때문이니라. 무슨 까닭인가? 수보리여, 실
로 법에는 아뇩다라삼먁삼보리심을 발하였
다고 하는 것이 없기 때문이니라.

수보리여, 네 생각은 어떠하냐? 여래가 연
등불의 처소에서 아뇩다라삼먁삼보리라고
하는 법을 얻었느냐?

아니옵니다, 세존이시여. 제가 부처님께서
말씀하시는 뜻을 이해하건대, 부처님께서는
연등불의 처소에서 아뇩다라삼먁삼보리라고
하는 법을 얻은 바가 없나이다.

부처님께서 말씀하셨다.

옳다, 옳다. 수보리여, 실로 여래는 아뇩다
라삼먁삼보리라고 하는 법을 얻은 바가 없느

니라.

　수보리여, 만약 내가 아뇩다라삼먁삼보리
라고 하는 법을 얻은 바가 있다고 하였다면
연등불께서는 나에게, '그대는 내세에 마땅
히 부처를 이루어 호를 석가모니라 하리라'
는 수기를 주시지 않았을 것이다. 실로 아뇩
다라삼먁삼보리라고 하는 법을 얻은 바가 없
었기 때문에 연등불께서는 나에게, '그대는
내세에 마땅히 부처를 이루어 호를 석가모니
라 하리라' 는 수기를 주신 것이니라. 무슨 까
닭인가? 여래는 곧 '모든 법 그대로'라는 뜻
이기 때문이니라.

　만약 어떤 이가 말하기를, '여래께서 아뇩
다라삼먁삼보리를 얻었다' 고 한다면 그는 잘
못 말한 것이니라. 수보리여, 실로 부처님은
아뇩다라삼먁삼보리라고 하는 법을 얻은 바
가 없느니라. 수보리여, 여래가 얻은 바 아뇩
다라삼먁삼보리는 실도 없고 헛됨도 없나니,

이러한 까닭으로 여래는 '일체법이 다 불법(佛法)이다'고 설하느니라.

수보리여, 말한 바 일체법은 곧 일체법이 아니니라. 그러므로 그 이름을 일체법이라고 함이니, 수보리여, 비유하자면 어떤 사람의 몸을 장대하다고 하는 것과 같으니라.

수보리가 아뢰었다.

세존이시여, 여래께서 말씀하시는 장대한 몸은 곧 장대한 몸이 아니라 그 이름이 장대한 몸이옵니다.

수보리여, 보살 또한 이와 같아서, 만약 '내가 한량없는 중생을 멸도(滅度)케 한다'고 하면, 곧 보살이라는 이름을 붙일 수 없느니라. 무슨 까닭인가?

수보리여, 실로 보살이라고 이름할 수 있는 법은 없나니, 그러므로 부처님은 일체법이 무아상(無我相)이요 무인상(無人相)이요 무중생상(無衆生相)이요 무수자상(無壽者相)이라고 설하느니라.

수보리여, 만약 보살이 '내가 마땅히 불국토를 장엄한다'고 하면 그는 보살이라고 이름할 수 없느니라. 왜냐하면 여래가 설하는 '불국토의 장엄'은 곧 장엄이 아니라 그 이름이 장엄이기 때문이니라.

수보리여, 만약 보살이 무아법(無我法)을 통달하였으면 여래는 그를 '참다운 보살'이라고 이름하느니라.

일체동관분 一體同觀分 제십팔

수보리여, 네 생각은 어떠하냐? 여래에게 육안(肉眼)이 있느냐?

그러하옵니다, 세존이시여. 여래는 육안이 있사옵니다.

수보리여, 네 생각은 어떠하냐? 여래에게 천안(天眼)이 있느냐?

그러하옵니다, 세존이시여. 여래는 천안이 있사옵니다.

수보리여, 네 생각은 어떠하냐? 여래에게
慧眼
혜안이 있느냐?

그러하옵니다, 세존이시여. 여래는 혜안이
있사옵니다.

수보리여, 네 생각은 어떠하냐? 여래에게
法眼
법안이 있느냐?

그러하옵니다, 세존이시여. 여래는 법안이
있사옵니다.

수보리여, 네 생각은 어떠하냐? 여래에게
佛眼
불안이 있느냐?

그러하옵니다, 세존이시여. 여래는 불안이
있사옵니다.

수보리여, 네 생각은 어떠하냐? 여래가 저
恒河
항하 가운데 있는 모래를 모래라고 설한 적이
있느냐?

그러하옵니다, 세존이시여. 여래는 모래라
고 하신 적이 있사옵니다.

수보리여, 네 생각은 어떠하냐? 저 항하의

모래알 수만큼 많은 항하가 있고, 또 그 많은 항하에 있는 모래알 수만큼이나 많은 부처님의 세계가 있다고 한다면 그 세계가 얼마나 많다고 하겠느냐?

매우 많겠나이다, 세존이시여.

부처님께서 수보리에게 말씀하셨다.

그토록 많은 국토에서 살고 있는 모든 중생들의 갖가지 마음을 여래는 다 알고 있느니라. 왜냐하면 여래가 말한 모든 마음은 다 마음이 아니요, 그 이름이 마음이기 때문이니라. 무슨 까닭인가?

수보리어,

과거심도 얻을 수 없고

현재심도 얻을 수 없으며

미래심도 얻을 수 없기 때문이니라.

過去心不可得　現在心不可得　未來心不可得

법계통화분 法界通化分　제십구

수보리여, 내 생각은 어떠하냐? 어떤 사람이 칠보로써 삼천대천세계에 가득 찰 만큼의 보시를 하였다면, 이 사람은 그 인연으로 얻을 복이 많겠느냐?

　　그러하옵니다, 세존이시여. 이 사람은 그 인연으로 얻을 복이 매우 많겠나이다.

　　수보리여. 만약 복덕이 실체가 있는 것이라면 여래는 얻을 복덕이 많다고 말하지 않았을 것이나, 복덕이 본래 없는 까닭에 여래는 복덕이 많다고 설하느니라.

이색이상분 離色離相分　제이십

　　수보리여, 내 생각은 어떠하냐? 여래를 가히 구족색신(具足色身)을 통하여 볼 수 있느냐?

　　아니옵니다, 세존이시여. 구족색신으로는 여래를 마땅히 볼 수 없사옵니다. 왜냐하면 여래께서 설하신 구족색신은 곧 구족색신이 아니라 그 이름이 구족색신이기 때문입니다.

수보리여, 내 생각은 어떠하냐? 여래를 가히 여러 가지 거룩한 상호를 갖춘 겉모습, 곧 具足諸相 구족제상을 통하여 볼 수 있느냐?

아니옵니다, 세존이시여. 여러 가지 거룩한 상호를 갖춘 겉모습을 통해서는 마땅히 여래를 볼 수 없사옵니다. 왜냐하면 여래께서 설하신 거룩한 상호는 곧 여러 가지 거룩한 상호가 아니라 그 이름이 거룩한 상호이기 때문입니다.

비설소설분 非說所說分   제이십일

수보리여, 너희는 '여래께서 마땅히 설한 바 법이 있다는 생각을 하리라'는 생각을 짓지 말아야 하느니라. 무슨 까닭인가? 만약 어떤 사람이 여래가 설한 바 법이 있다고 한다면 이는 곧 부처님을 비방하는 것이니, 내가 설한 바를 잘 이해하지 못한 것이기 때문이니라. 수보리여, 법을 설한다고 하나 가히 설

할 만한 법이 없나니, 곧 그 이름이 설법이니라.

그때 혜명 수보리가 부처님께 아뢰었다.

세존이시여, 미래의 세상에 자못 어떤 중생이 있어 이 법을 설하심을 듣고 신심을 내겠나이까?

부처님께서 말씀하셨다.

수보리여, 저들은 중생도 아니요 중생이 아님도 아니니라. 왜냐하면 수보리여, '중생·중생'이라 함에 대해 여래는 중생이 아니라고 설하나니, 곧 그 이름이 중생이니라.

무법가득분 無法可得分   제이십이

수보리가 부처님께 아뢰었다.

세존이시여, 부처님께서 아뇩다라삼먁삼보리를 얻으심은 얻은 바가 없음이나이까?

부처님께서 말씀하셨다.

그러하고 그러하니라. 수보리여, 나는 아

녹다라삼먁삼보리에 있어 어떠한 조그마한 법도 가히 얻은 것이 없기에, 이를 이름하여 아녹다라삼먁삼보리라 하느니라.

정심행선분 淨心行善分   제이십삼

또한 수보리여, 이 법은 평등하여 높고 낮음이 없으므로 아녹다라삼먁삼보리라 이름하나니, 아상도 없고 인상도 없고 중생상도 없고 수자상도 없이 일체의 선한 법을 닦으면 곧 아녹다라삼먁삼보리를 얻느니라. 수보리여, 이른바 선법善法이라고 하는 것을 여래는 곧 선법이 아니라 그 이름이 선법이라고 설하느니라.

복지무비분 福智無比分   제이십사

수보리여, 만약 삼천대천세계에 있는 모든 수미산만한 칠보 덩어리를 어떤 사람이 가져다 보시하더라도, 어떤 사람이 금강반야바라

밀경이나 사구게만이라도 받아지녀 읽고 외우고 남을 위해 해설해 준다면, 앞의 복덕으로는 백분의 일도 미치지 못하며 백천만억분의 일 내지 헤아림이나 비유로도 능히 미치지 못하느니라.

화무소화분 化無所化分 제이십오

수보리여, 네 생각은 어떠하냐? 너희들은 '여래께서 마땅히 중생을 제도한다' 는 생각을 하지 말지니라. 수보리여, 이런 생각을 하지 말라고 한 까닭이 무엇인가? 실로 여래가 제도할 중생이 없기 때문이니, 만일 여래가 제도할 중생이 있다고 한다면, 여래에게 곧 아상·인상·중생상·수자상이 있음이니라.

수보리여, 여래가 설한 '나가 있음' 은 곧 '나가 있음' 이 아니거늘, 범부들은 '나가 있다' 고 하느니라. 수보리여, 여래는 범부에 대해서도 곧 범부가 아니라 그 이름이 범부라

고 설하느니라.

법신비상분 法身非相分   제이십육

수보리여, 내 생각은 어떠하냐? 가히 삼십이상으로써 여래를 볼 수 있느냐?

수보리가 아뢰었다.

그러하옵니다, 그러하옵니다. 삼십이상으로써 여래를 볼 수 있사옵니다.

부처님께서 말씀하셨다.

수보리여, 만약 삼십이상으로써 여래를 볼 수 있다면 전륜성왕도 곧 여래라고 할 수 있으리라.

수보리가 부처님께 아뢰었다.

세존이시여, 제가 부처님께서 설하신 뜻을 이해하기로는 마땅히 삼십이상으로는 여래를 볼 수 없사옵니다.

그때 세존께서 게송으로 말씀하셨다.

만약 색신으로써 나를 보려 하거나
음성으로써 나를 구하려 하면
이 사람은 삿된 도를 행함이라
능히 여래를 보지 못하느니라

若以色見我　以音聲求我　是人行邪道　不能見如來

무단무멸분 無斷無滅分　제이십칠

수보리여, 네가 만약 '여래가 상相을 구족하지 않은 까닭에 아뇩다라삼먁삼보리를 얻었다'라고 생각한다면, 수보리여, '여래가 상을 구족하지 않은 까닭에 아뇩다라삼먁삼보리를 얻었다'는 생각을 하지 말지니라.

수보리여, 네가 '아뇩다라삼먁삼보리의 마음을 일으킨 사람은 모든 법이 끊어져 아주 없어졌다[斷滅]'라고 생각한다면, 그와 같은 생각을 하지 말라. 왜냐하면 아뇩다라삼먁삼보리의 마음을 일으킨 사람은 법에 있어 단멸斷滅의 상이 있다고 말하지 않기 때문이니라.

불수불탐분 不受不貪分　제이십팔

수보리여, 만약 어떤 보살은 항하의 모래 알과 같은 수많은 세계에 가득 찰 만큼의 칠보를 보시하고, 어떤 보살은 일체의 법이 무아임을 알아 깨달음을 얻었다면, 이 보살이 얻는 공덕이 앞의 보살이 얻는 공덕보다 수승하니라. 무슨 까닭인가? 수보리여, 보살들은 복덕을 받지 않기 때문이니라.

수보리가 부처님께 아뢰었다.

세존이시여, 어찌하여 보살은 복덕을 받지 않는다고 하시나이까?

수보리여, 보살은 지은 바 복덕에 대해 마땅히 탐착하지 않는 까닭으로 복덕을 받지 않는다고 말하느니라.

위의적정분 威儀寂靜分　제이십구

수보리여, 만약 어떤 사람이 말하기를 '여래가 온다거나 간다거나 앉는다거나 눕는다'

고 한다면 이 사람은 내가 설한 바 뜻을 알지 못함이니라. 무슨 까닭인가? 여래는 어디로 부터 오는 바도 없고, 또한 어디를 향하여 가 는 바도 없기 때문에 여래라 이름하느니라.

일합이상분 一合理相分 제삼십

수보리여, 만약 선남자 선여인이 삼천대천 세계를 부수어 작은 티끌로 만들었다면, 네 생각이 어떠하냐? 이 작은 티끌들이 많다고 하겠느냐?

수보리가 아뢰었다.

매우 많겠나이다, 세존이시여. 왜냐하면 만약 이 작은 티끌들이 실제로 있는 것이라 면 부처님께서는 곧 '작은 티끌들' 이라고 말 씀하시지 않으셨을 것이기 때문이옵니다. 왜 나하면, 부처님께서 말씀하시는 작은 티끌들 은 곧 작은 티끌들이 아니라, 그 이름이 작은 티끌들이기 때문입니다.

세존이시여, 여래께서 말씀하신 삼천대천 세계도 곧 세계가 아니라 그 이름이 세계일 뿐이옵니다. 왜냐하면 만약 세계가 실로 있는 것이라면 곧 그것을 한 덩어리인 일합상이 라고 할 것이오나, 여래께서 말씀하신 일합 상은 곧 일합상이 아니라 그 이름이 일합상 이기 때문입니다.

一合相

수보리여, 일합상은 가히 말로써 표현할 수 없는 것이건만, 범부들은 그 일에 탐착을 하느니라.

지견불생분 知見不生分 제삼십일

수보리여, 만일 어떤 사람이 '부처님께서 아견·인견·중생견·수자견을 말씀하셨 다'고 한다면, 수보리여, 네 생각은 어떠하 냐? 이 사람이 내가 말한 뜻을 안다고 하겠느 냐?

아니옵니다. 세존이시여, 이 사람은 여래

께서 말씀하신 뜻을 이해하지 못하는 것이옵니다. 왜냐하면 세존께서 말씀하신 아견·인견·중생견·수자견은 곧 아견·인견·중생견·수자견이 아니라 그 이름이 아견·인견·중생견·수자견일 뿐이기 때문입니다.

수보리여, 아뇩다라삼먁삼보리의 마음을 일으킨 사람은 일체법을 마땅히 이와 같이 알고 이와 같이 보며 이와 같이 믿고 이해하여 법상(法相)을 내지 말아야 하느니라. 수보리여, 이른바 법상에 대해서도 여래는 법상이 아니라 그 이름이 법상이라고 설하느니라.

응화비진분應化非眞分 제삼십이

수보리여, 만약 어떤 사람이 한량없는 아승지 세계에 가득 찰 만큼의 칠보로써 보시를 하고, 어떤 선남자 선여인이 보살심을 발하여 이 경이나 이 경의 사구게만이라도 받아지니고 읽고 외우고 다른 이를 위해 연설

하여 주면, 그의 복이 앞의 복보다 더욱 수승하니라. 어떻게 다른 이를 위해 연설하여 줄 것인가? 상을 취하지 않고 여여부동하라. 무슨 까닭이냐?

如如不動

일체의 유위법은
꿈 · 환상 · 물거품 · 그림자와 같고
이슬과 같고 또한 번개와 같나니
마땅히 이와 같이 관할지니라

一切有爲法 如夢幻泡影 如露亦如電 應作如是觀

부처님께서 이 경을 설하여 마치시니, 장로 수보리와 여러 비구와 비구니와 우바새와 우바이와 일체 세간의 하늘사람 · 인간 · 아수라 등이 부처님께서 설하신 말씀을 듣고 모두 크게 환희하여, 믿고 받들어 행하였다.

금강반야바라밀경
金剛般若波羅蜜經

법회인유분 法會因由分　제일

이와 같이 나는 들었다.

어느 때 부처님께서는 사위국의 기수급고독원에서 천이백오십 인의 큰비구 제자들과 함께 계시었다.

이날도 세존께서는 공양시간이 되자, 가사를 입으신 뒤 바루를 들고 사위성으로 나아가 한집 한집 차례대로 밥을 빌어 마치시고 본처로 돌아와 공양을 하시었다.

그리고 가사와 바루를 제자리에 정돈해 놓으시고 발을 씻은 다음 자리를 펴고 앉으셨다.

선현기청분 善現起請分　제이

　그때, 장로 수보리존자가 대중과 함께 있다가 자리에서 일어나 오른쪽 어깨에 옷을 벗어 매고 오른쪽 무릎을 꿇어 합장하며 부처님께 아뢰었다.

　희유하옵니다, 세존이시여. 여래께서는 언제나 모든 보살들을 잘 보살펴 주시며, 모든 보살들에게 잘 당부하고 계십니다.

　세존이시여! 선남자 선여인들이 아뇩다라삼먁삼보리심을 발한 다음, 마땅히 어떻게 그 마음을 유지하여야 하며, 어떻게 그 마음을 항복받아야 하나이까?

　부처님께서 말씀하셨다.

　착하고 착하도다, 수보리여. 네 말과 같이 여래는 모든 보살들을 두루 잘 보살피며, 모든 보살들에게 언제나 잘 당부하느니라. 너희는 이제 자세히 들으라. 내 너희를 위해 설해 주리라. 선남자 선여인들이 아뇩다라삼먁삼보리심을 낸 다음에는 마땅히 이와 같이 그 마음을 유지하고, 이와 같이 그 마음을 항복받아야 하느니라.

그러하옵니다, 세존이시여. 원컨대 기쁜 마음으로 듣고자 하옵니다.

대승정종분 大乘正宗分   제삼

부처님께서 수보리에게 말씀하셨다.

모든 보살마하살들은 마땅히 이와 같이 그 마음을 항복받아야 할 것이니, 이른바 온갖 중생들, 곧 난생·태생·습생·화생의 중생과 형태가 있는 중생·형태가 없는 중생·생각이 있는 중생·생각이 없는 중생·생각이 있는 것도 아니요 생각이 없는 것도 아닌 중생 모두를 나는 무여열반에 들어 해탈하게 하느니라.

無餘涅槃

이와 같이 한량없고 수가 없고 끝이 없는 중생을 해탈시키지만, 실은 한 중생도 해탈

을 얻게 하였다는 생각이 없느니라.

무슨 까닭인가? 수보리여, 만약 보살에게
我相　　人相　　衆生相　　壽者相
아상·인상·중생상·수자상이 있다고 한다
면, 그는 진정한 보살이라 할 수 없기 때문이
니라.

묘행무주분 妙行無住分　제사

또 수보리여, 보살은 마땅히 그 어디에도
머무는 바 없이 보시를 해야 하나니, 이른바
모양에 얽매임 없이 보시를 해야 하며, 소리
나 냄새나 맛이나 감촉이나 생각에 얽매임
없이 보시를 해야 하느니라. 수보리여, 보살
　　　　　　　　　　　　　　　　　　　相
은 마땅히 이와 같이 보시하여 어떠한 상에도
집착을 하지 말아야 하느니라. 무슨 까닭인
가? 만약 보살이 상에 집착을 하지 않고 보시
를 하면 그 복덕이 가히 헤아릴 수 없이 크기
때문이니라.

수보리여, 네 생각은 어떠하냐? 동쪽 허공

의 크기를 가히 헤아릴 수 있겠느냐?

헤아릴 수 없나이다, 세존이시여.

그렇다면 수보리여, 남쪽·서쪽·북쪽 등의 허공과 동남·서남·동북·서북쪽과 위·아래 허공의 크기는 가히 헤아릴 수 있겠느냐?

헤아릴 수 없나이다, 세존이시여.

수보리여, 보살이 상에 집착함이 없이 베푸는 무주상보시(無住相布施)의 복덕 또한 이와 같아서, 가히 헤아릴 수가 없느니라. 그러므로 수보리여, 보살은 마땅히 지금 내가 가르쳐 준 대로 마음을 유지하여야 하느니라.

여리실견분 如理實見分 제오

수보리여, 네 생각은 어떠하냐? 가히 몸의 겉모습을 통하여 여래를 볼 수 있느냐 없느냐?

없나이다, 세존이시여. 몸의 겉모습, 곧 신(身)

103

상^相으로는 여래를 볼 수 없나이다. 왜냐하면
여래께서 말씀하오신 신상 또한 신상이 아니
기 때문입니다.

부처님께서 수보리에게 말씀하셨다.

무릇 있는 바 상은
다 헛되고 망령된 것이니
만약 모든 상이 상 아님을 보면
곧바로 진실한 여래를 보게 되느니라

凡所有相　皆是虛妄　若見諸相非相　卽見如來

정신희유분 正信希有分　제육

수보리가 부처님께 아뢰었다.

세존이시여, 자못 어떤 중생이 이와 같은
말씀이나 글귀를 보고 진실한 믿음을 낼 수
있겠나이까?

부처님께서 수보리에게 말씀하셨다.

그러한 말을 하지 말라. 여래가 열반에 든

뒤 후오백세(後五百歲)에 계를 지키고 복을 닦는 자는 이 가르침에 대해 능히 바른 신심을 내고 이를 진실로 삼으리라. 마땅히 알아라. 이 사람은 한 부처님이나 두 부처님, 셋·넷·다섯 부처님께만 선근을 심은 것이 아니라 이미 한량이 없는 천만 부처님께 갖가지 선근을 심었으므로, 이 가르침을 듣고 한 생각에 깨끗한 믿음을 내느니라.

수보리여, 여래는 이러한 모든 중생이 한량없는 복덕을 얻음을 능히 다 알고 보시느니라. 무슨 까닭인가? 이 모든 중생에게 다시는 아상·인상·중생상·수자상이 없고, '법이라 생각하는 법상(法相)'도 없으며, 또한 '법이 아니라고 생각하는 비법상(非法相)'도 없기 때문이니라.

무슨 까닭인가? 이 모든 중생이 마음에 어떤 상을 취하게 되면 아상·인상·중생상·수자상에 집착한 것이 되느니라. 또 무슨 까

닭인가? 만약 '법이라는 상'을 취하게 되면 아상·인상·중생상·수자상에 집착한 것이 되며, 만약 '법이 아니라는 상'을 취하여도 아상·인상·중생상·수자상에 집착한 것이 되느니라.

그러므로 마땅히 법도 취하지 말고 법 아닌 것도 취하지 말지니라. 이러한 까닭에 여래는 항상 '비구들이여, 너희는 나의 설한 법을 뗏목처럼 여겨야 한다'고 말한 것이다. 이렇게 법도 오히려 놓아버려야 하거늘, 하물며 법 아닌 것이랴.

무득무설분 無得無說分　제칠

수보리여, 네 생각은 어떠하냐? 여래가 '아뇩다라삼먁삼보리를 얻었다'고 하느냐? 여래가 '설한 바 법이 있다'고 하느냐?

수보리가 아뢰었다.

제가 부처님께서 설하신 바의 뜻을 알기로

는 아뇩다라삼먁삼보리라고 이름할 만한 정해진 법이 없으며, 여래께서 설하시는 정해진 법 또한 없나이다. 왜냐하면 여래께서 설하시는 법은 가히 다 취할 수도 없고 가히 다 말할 수도 없으며, 법도 아니요 법 아님도 아니기 때문입니다. 무슨 까닭인가? 모든 현성들은 다 무위법(無爲法)으로 차별을 삼기 때문입니다.

의법출생분 依法出生分   제팔

수보리여, 네 생각은 어떠하냐? 어떤 사람이 삼천대천세계에 가득 찰 만큼의 일곱 가지 보배로써 보시를 하였다면, 그 사람의 얻는 바 복덕이 많겠느냐 적겠느냐?

수보리가 아뢰었다.

매우 많겠나이다, 세존이시여. 왜냐하면 이 복덕은 복덕성(福德性)이 아니기 때문입니다. 그러므로 여래께서는 복덕이 많다고 하셨습니다.

만약 어떤 사람이 있어 이 경 속의 사구게^{四句偈}만이라도 받아지녀서 남을 위하여 설해 준다면, 그 복덕은 앞에서 말한 복덕보다 훨씬 더 뛰어나니라. 무슨 까닭인가? 수보리여, 모든 부처님과 모든 부처님의 아뇩다라삼먁삼보리법이 모두 이 경전에서 나오기 때문이니라. 수보리여, 이른바 불법^{佛法}이라는 것은 곧 불법이 아니니라.

일상무상분 一相無相分 제구

수보리여, 네 생각은 어떠하냐? 수다원이 스스로 생각하기를, '나는 수다원과^{須陀洹果}를 얻었노라' 고 하겠느냐?

수보리가 아뢰었다.

아니옵니다, 세존이시여. 왜냐하면 수다원을 이름하여 입류^{入流}라고 하나 들어간 바가 없으니, 색성향미촉법에 들어가지 않았으므로 수다원이라 이름하옵니다.

수보리여, 네 생각은 어떠하냐? 사다함이 스스로 생각하기를, '나는 사다함과를 얻었노라'고 하겠느냐?

斯陀含果

수보리가 아뢰었다.

아니옵니다, 세존이시여. 왜냐하면 사다함을 이름하여 일왕래라 하지만, 실제로는 가고 옴이 없으므로 사다함이라 이름하옵니다.

一往來

수보리여, 네 생각은 어떠하냐? 아나함이 스스로 생각하기를, '나는 아나함과를 얻었노라'고 하겠느냐?

阿那含果

수보리가 아뢰었다.

아니옵니다, 세존이시여. 왜냐하면 아나함을 이름하여 불래라고 하지만, 실제로는 오지 않음이 없으므로 아나함이라 이름하옵니다.

不來

수보리여, 네 생각은 어떠하냐? 아라한이 스스로 생각하기를, '나는 아라한도를 얻었노라'고 하겠느냐?

阿羅漢道

수보리가 아뢰었다.

아니옵니다, 세존이시여. 왜냐하면 실제의 진리에는 아라한이라는 이름이 없기 때문입니다. 세존이시여, 만약 아라한이 스스로 생각하기를, '나는 아라한도를 얻었노라' 고 하면, 그것은 곧 아상·인상·중생상·수자상에 집착함입니다.

세존이시여, 부처님께서는 저를 '무쟁삼매[無諍三昧]를 얻은 사람들 중에 최고요 욕심을 떠난 제일의 아라한' 이라고 하시지만, 제 스스로는 '내가 욕심을 떠난 아라한' 이라는 생각을 하지 않나이다.

세존이시여, 제가 만약 '나는 아라한도를 얻었다' 고 생각한다면, 세존께서 '수보리는 아란나행[阿蘭那行]을 즐기는 이' 라고 말씀하지 않을 것이옵니다. 그러나 수보리의 행하는 바가 실로 없기 때문에 '수보리는 아란나행을 즐기는 이'라고 말씀하시나이다.

장엄정토분 莊嚴淨土分   제십

부처님께서 수보리에게 말씀하셨다.

네 생각은 어떠하냐? 그 옛날에 여래가 연^燃등불^{燈佛}의 처소에서 법을 얻은 바가 있다고 생각하느냐?

아니옵니다, 세존이시여. 여래께서는 연등불의 처소에서 실로 법을 얻은 바가 없습니다.

수보리여, 네 생각은 어떠하냐? 보살이 불국토를 장엄하느냐?

아니옵니다, 세존이시여. 왜냐하면 불국토를 장엄한다는 것은 곧 장엄이 아니요 그 이름이 장엄이기 때문입니다.

그런 까닭에 수보리여, 모든 보살마하살은 마땅히 이와 같이 청정한 마음을 내어야 하나니, 마땅히 색에 머물러 마음을 내지 말 것이요 소리와 냄새와 맛과 감촉과 법에 머물러 마음을 내지 말 것이며, 마땅히 머무는 바

없이 그 마음을 내어야 하느니라[應無所住 而生其心].

수보리여, 비유하건대 어떤 사람의 몸이 수미산만하다면, 네 생각은 어떠하냐? 그 몸이 크다고 하겠느냐?

수보리가 아뢰었다.

매우 크겠나이다, 세존이시여. 왜냐하면 부처님께서는 몸 아닌 것을 말씀하시어 큰 몸이라고 이름하셨기 때문입니다.

무위복승분 無爲福勝分 제십일

수보리여, 항하(恒河)에 있는 모래알 수만큼이나 많은 항하가 또 있다고 한다면, 네 생각은 어떠하냐? 이 모든 항하들의 모래가 얼마나 많겠느냐?

수보리가 아뢰었다.

매우 많겠나이다, 세존이시여. 단지 모든 항하의 수만 하여도 오히려 헤아릴 수 없이

많은 것이거늘, 하물며 그 모래알의 수이겠나이까?

수보리여, 내 이제 진실한 말로 그대에게 이르노니, 만약 선남자 선여인이 칠보로써 저 항하의 모래알 수만큼이나 많은 삼천대천세계에 가득 차도록 보시를 한다면, 그 얻을 바 복덕이 얼마나 많겠느냐?

수보리가 아뢰었다.

매우 많나이다, 세존이시여.

부처님께서 수보리에게 말씀하셨다.

만약 선남자 선여인이 이 경 가운데 사구게만이라도 받아지니고 다른 사람을 위해 설한다면, 이 복덕은 앞의 칠보 보시의 복덕보다 더 수승하니라.

존중정교분 尊重正教分   제십이

또한 수보리여, 마땅히 알지어다. 이 경의 사구게만을 설할지라도, 일체 세간의 천상·

인간·아수라 등이 그를 공양하기를 부처님의 탑과 절에 공양하듯 하느니라. 하물며 어떤 사람이 이 경을 모두 수지하고 독송함에 있어서랴.

수보리여, 마땅히 알지어다. 이 사람은 가장 높은 법, 제일가는 법, 희유한 법을 성취하게 되나니, 이 경전이 있는 곳에는 곧 부처님과 존중받는 제자들이 함께 계심이니라.

여법수지분 如法受持分　제십삼

그때 수보리가 부처님께 아뢰었다.

세존이시여, 이 경의 이름을 무엇이라 하며, 저희들이 어떻게 받들어 지니오리까?

부처님께서 수보리에게 말씀하셨다.

이 경의 이름은 '금강반야바라밀'이니, 마땅히 이러한 이름대로 너희들은 받들어 지닐지니라. 무슨 까닭인가? 수보리여, 부처가 설하는 반야바라밀은 곧 반야바라밀이 아니요

그 이름이 반야바라밀이니라.

수보리여, 네 생각은 어떠하냐? 여래가 설한 바 법이 있느냐?

수보리가 아뢰었다.

세존이시여, 여래께서는 설한 바가 없나이다.

수보리여, 네 생각은 어떠하냐? 삼천대천세계에는 티끌이 얼마나 많겠느냐?

수보리가 아뢰었다.

매우 많나이다. 세존이시여.

수보리여, 여래는 모든 티끌이 티끌이 아니요 그 이름이 티끌이라고 말하며, 여래는 세계도 세계가 아니라 그 이름이 세계라고 말하느니라.

수보리여, 네 생각은 어떠하냐? 가히 삼십이상^{三十二相}으로 여래를 볼 수 있다고 하겠느냐?

아닙니다, 세존이시여. 삼십이상으로는 여래를 보지 못하옵니다. 왜냐하면 여래께서

설하신 삼십이상은 곧 삼십이상이 아니요, 그 이름이 삼십이상이기 때문입니다.

수보리여, 만약 어떤 선남자 선여인이 항하의 모래알 수만큼이나 많은 몸과 목숨을 바쳐 보시를 할지라도, 어떤 사람이 이 경 속의 사구게만이라도 받들어 지니고 남을 위해 설해 준다면, 그 복이 훨씬 더 뛰어나니라.

이상적멸분 離相寂滅分 제십사

그때 수보리가 이 경을 설하심을 듣고 깊이 그 뜻을 깨달아 눈물을 흘리며 부처님께 아뢰었다.

희유하옵니다, 세존이시여. 부처님께서 심히 이와 같이 깊은 경전을 설하심은 제가 예로부터 얻은 바 지혜의 눈으로는 일찍이 한 번도 듣지 못하였나이다.

세존이시여, 만약 어떤 사람이 이 경을 듣고 신심이 청정하면 곧 실상(實相)을 깨달으리니,

마땅히 이 사람이 제일 희유한 공덕을 성취한 줄로 알겠나이다. 세존이시여, 이 실상은 곧 상이 아니오며, 그러한 까닭으로 여래께서는 실상이라고 하셨나이다.

세존이시여, 저는 이제 이 경전을 얻어 듣고 믿고 받아지니는 것이 그다지 어렵지 않사오나, 만약 앞으로 다가올 후오백세 뒤의 중생들이 이 경전을 얻어 듣고 믿고 받아지닌다면, 이 사람이야말로 가장 희유한 사람이 될 것입니다. 왜냐하면 이 사람은 아상도 없고, 인상·중생상·수자상도 없기 때문입니다.

무슨 까닭인가? 아상이 곧 상이 아니요, 인상·중생상·수자상도 곧 상이 아니기 때문입니다. 왜냐하면 일체의 모든 상을 떠난 것을 이름하여 제불(諸佛), 곧 '모든 부처님'이라고 하기 때문입니다.

부처님께서 수보리에게 말씀하셨다.

그러하고 또 그러하도다. 만약 어떤 사람이 이 경을 듣고 놀라지도 않고 겁내지도 않고 두려워하지도 않는다면, 마땅히 알라. 이 사람은 매우 희유한 사람이니라. 무슨 까닭인가? 수보리여, 여래가 말하는 제일바라밀은 제일바라밀이 아니요, 그 이름이 제일바라밀이기 때문이니라. 수보리여, 인욕바라밀도 여래는 인욕바라밀이 아니라고 설하나니, 그 이름이 인욕바라밀이니라.

무슨 까닭인가? 수보리여, 옛날 가리왕이 나의 몸을 베고 끊었을 때 나는 아상도 없었고 인상이 없었으며, 중생상도 없었고 수자상도 없었느니라. 내가 마디마디 사지를 끊길 그때, 아상이나 인상·중생상·수자상이 있었더라면, 마땅히 원망하는 마음을 내었을 것이니라.

수보리여, 또 생각하니, 과거 오백세 동안 인욕선인이 되었던 그때에도 아상·인상·

중생상·수자상이 없었느니라.

그러므로 수보리여, 보살은 마땅히 일체의 상을 떠나서 아뇩다라삼먁삼보리심을 발하여야 하나니, 응당 색에 머물러 마음을 내지 말고 응당 소리와 냄새와 맛과 감촉과 법에 머물러 마음을 내지 말지니, 응당 머무르는 바 없이 마음을 낼지니라.

만약 마음에 머무르는 바가 있으면 곧바로 그 머무름을 지울지니, 그러므로 부처님들이 '보살은 응당 색에 얽매이지 않는 보시를 해야 한다' 고 설하시는 것이다.

수보리여, 보살은 일체 중생을 이익되게 하기 위하여 마땅히 이와 같이 보시를 해야 하나니, 그래서 여래는 '일체의 모든 상이 곧 상이 아니요, 일체의 중생이 곧 중생이 아니다' 라고 설하는 것이니라.

수보리여, 여래는 참다운 말을 하는 자이며, 실다운 말을 하는 자이며, 한결같은 말을

하는 자이며, 속임수 없는 말을 하는 자이며, 사실과 다르지 않은 말을 하는 자이니라.

수보리여, 여래가 얻은 이 법은 실^實도 없고 허^虛도 없느니라. 수보리여, 만약에 보살이 마음을 그 무엇에 집착하여 보시를 하게 되면, 그는 마치 어둠 속에 들어가 아무것도 보지 못하는 사람과 같게 되느니라. 만약에 보살이 마음을 그 무엇에 집착하지 않고 보시를 하게 되면, 그는 마치 눈밝은 사람이 밝은 햇빛 아래에서 가지가지의 색을 분명히 보는 것과 같으니라.

수보리여, 장차 오는 세상의 선남자 선여인이 능히 이 경을 받아지니고 읽고 외우면, 여래는 곧 부처의 지혜로써 그 사람을 다 알고 다 보아, 그로 하여금 한량없고 가없는 공덕을 성취하게 하느니라.

지경공덕분 持經功德分　제십오

수보리여, 만약 어떤 선남자 선여인이 아침에 항하의 모래 수와 같은 몸으로 보시를 하고, 낮에 다시 항하의 모래 수와 같은 몸으로 보시를 하고, 저녁에 또한 항하의 모래 수와 같은 몸으로 보시를 하되 한량없는 백천만억겁 동안 몸으로 보시를 하더라도, 어떤 사람이 이 경전을 듣고 믿는 마음으로 거역하지 아니하였다면 그 복덕이 저 몸을 보시한 복덕보다 수승하니라. 하물며 경을 베껴 쓰거나, 받들어 지니고 독송하거나, 남을 위해 해설을 해주는 공덕이랴.

수보리여, 요점만 말한다면 이 경은 불가사의하여 가히 측량할 수 없고 가없는 공덕을 지니고 있나니, 여래는 대승의 마음을 발한 자를 위하여 이 경을 설하며 _{最上乘}최상승의 마음을 발한 자를 위하여 이 경을 설하느니라. 만약 어떤 사람이 능히 이 경을 받들어 지니고 독송하고 널리 남을 위해 설하여 주면 여래는 이 사람을 다 알고 다 보나니, 이 사람은 가히 헤아릴 수 없고 말로 표현할 수 없는, 한없이 불가사의한 공덕을 모두 얻어 성취하게 되느니라. 이러한 사람은 곧바로 여래의 아뇩다라삼먁삼보리를 짊어지고 나아가느니라.

무슨 까닭인가? 만약 작은 법을 좋아하는 사람은 아견(我見)과 인견(人見)과 중생견(衆生見)과 수자견(壽者見)에 집착하기 때문에 이 경을 능히 들으려 하지 않고 받아들이려 하지 않으며, 독송을 하거나 남을 위해 해설을 해주지 못하느니라.

수보리여, 어느 곳이든지 이 경이 있는 곳이면 일체 세간의 천인과 인간과 아수라가 응당 공양을 하느니라. 마땅히 알아라. 이 경이 있는 곳은 곧 탑이 되나니, 모두가 공경하여 예배를 드리고 주위를 돌며 갖가지 꽃과 향을 뿌리느니라.

능정업장분 能淨業障分   제십육

또 수보리여, 선남자 선여인이 이 경을 받아지니고 독송하면서도 남에게 업신여김을 당하면, 이 사람은 전생의 죄업으로 마땅히 악도(思道)에 떨어질 것이로되, 금생에 업신여김을 받는 까닭으로 전생의 죄업이 곧 소멸되어 마땅히 아뇩다라삼먁삼보리를 얻게 되느니라.

수보리여, 내가 과거의 헤아릴 수 없는 아승지겁을 생각해보니, 연등불을 뵙기 전에 팔백사천만억 나유타 수의 많은 부처님을 만나 모두 다 공양하고 받들고 섬기어 헛되이 지냄이 없었느니라. 그런데 어떤 사람이 있어 앞으로 오는 말세에 능히 이 경을 받아지니고 독송을 하면, 내가 모든 부처님께 공양한 공덕으로는 그 공덕의 백분의 일에도 미치지 못하며, 천만억분의 일 내지 숫자의 비유로는 도저히 미칠 수가 없느니라.

수보리여, 만약 선남자 선여인이 앞으로 오는 말세에 이 경을 받아지니고 독송함으로써 얻게 되는 공덕을 다 갖추어 말한다면, 혹 어떤 사람은 듣고 마음이 산란해져서 여우처럼 의심하고 믿지 않을 것이니라. 수보리여, 마땅히 알아라. 이 경은 뜻도 불가사의하며 그 과보 또한 불가사의하니라.

구경무아분 究竟無我分　제십칠

그때 수보리가 부처님께 아뢰었다.

세존이시여, 선남자 선여인들이 아뇩다라삼먁삼보리심을 발한 다음, 마땅히 어떻게 머물러야 하며 어떻게 그 마음을 항복받아야 하나이까?

부처님께서 수보리에게 말씀하셨다.

만약 선남자 선여인이 아뇩다라삼먁삼보리심을 발하였으면 마땅히 이와 같이 마음을 내어야 하느니라. 곧 '나는 마땅히 일체 중생

을 멸도케 하리라' 하되, 일체 중생을 멸도케
하고 나서는 한 중생에 대해서도 '멸도시켰
다'고 함이 없어야 하느니라.

어찌하여 그러한가? 만약 보살에게 아상·
인상·중생상·수자상이 있으면 보살이 아니
기 때문이니라. 무슨 까닭인가? 수보리여, 실
로 법에는 아뇩다라삼먁삼보리심을 발하였
다고 하는 것이 없기 때문이니라.

수보리여, 네 생각은 어떠하냐? 여래가 연
등불의 처소에서 아뇩다라삼먁삼보리라고
하는 법을 얻었느냐?

아니옵니다, 세존이시여. 제가 부처님께서
말씀하시는 뜻을 이해하건대, 부처님께서는
연등불의 처소에서 아뇩다라삼먁삼보리라고
하는 법을 얻은 바가 없나이다.

부처님께서 말씀하셨다.

옳다, 옳다. 수보리여, 실로 여래는 아뇩다
라삼먁삼보리라고 하는 법을 얻은 바가 없느

니라.

　수보리여, 만약 내가 아뇩다라삼먁삼보리
라고 하는 법을 얻은 바가 있다고 하였다면
연등불께서는 나에게, '그대는 내세에 마땅
히 부처를 이루어 호를 석가모니라 하리라'
는 수기를 주시지 않았을 것이다. 실로 아뇩
다라삼먁삼보리라고 하는 법을 얻은 바가 없
었기 때문에 연등불께서는 나에게, '그대는
내세에 마땅히 부처를 이루어 호를 석가모니
라 하리라'는 수기를 주신 것이니라. 무슨 까
닭인가? 여래는 곧 '모든 법 그대로'라는 뜻
이기 때문이니라.

　만약 어떤 이가 말하기를, '여래께서 아뇩
다라삼먁삼보리를 얻었다'고 한다면 그는 잘
못 말한 것이니라. 수보리여, 실로 부처님은
아뇩다라삼먁삼보리라고 하는 법을 얻은 바
가 없느니라. 수보리여, 여래가 얻은 바 아뇩
다라삼먁삼보리는 실도 없고 헛됨도 없나니.

이러한 까닭으로 여래는 '일체법이 다 불법^{佛法}이다'고 설하느니라.

수보리여, 말한 바 일체법은 곧 일체법이 아니니라. 그러므로 그 이름을 일체법이라고 함이니, 수보리여, 비유하자면 어떤 사람의 몸을 장대하다고 하는 것과 같으니라.

수보리가 아뢰었다.

세존이시여, 여래께서 말씀하시는 장대한 몸은 곧 장대한 몸이 아니라 그 이름이 장대한 몸이옵니다.

수보리여, 보살 또한 이와 같아서, 만약 '내가 한량없는 중생을 멸도케 한다'고 하면, 곧 보살이라는 이름을 붙일 수 없느니라. 무슨 까닭인가?

수보리여, 실로 보살이라고 이름할 수 있는 법은 없나니, 그러므로 부처님은 일체법이 무아상이요 무인상이요 무중생상이요 무수자상이라고 설하느니라.

수보리여, 만약 보살이 '내가 마땅히 불국
토를 장엄한다'고 하면 그는 보살이라고 이
름할 수 없느니라. 왜냐하면 여래가 설하는
'불국토의 장엄'은 곧 장엄이 아니라 그 이
름이 장엄이기 때문이니라.

수보리여, 만약 보살이 무아법(無我法)을 통달하였
으면 여래는 그를 '참다운 보살'이라고 이름
하느니라.

일체동관분 一體同觀分 제십팔

수보리여, 네 생각은 어떠하냐? 여래에게
육안(肉眼)이 있느냐?

그러하옵니다, 세존이시여. 여래는 육안이
있사옵니다.

수보리여, 네 생각은 어떠하냐? 여래에게
천안(天眼)이 있느냐?

그러하옵니다, 세존이시여. 여래는 천안이
있사옵니다.

수보리여, 네 생각은 어떠하냐? 여래에게
慧眼
혜안이 있느냐?

　　그러하옵니다, 세존이시여. 여래는 혜안이
있사옵니다.

　　수보리여, 네 생각은 어떠하냐? 여래에게
法眼
법안이 있느냐?

　　그러하옵니다, 세존이시여. 여래는 법안이
있사옵니다.

　　수보리여, 네 생각은 어떠하냐? 여래에게
佛眼
불안이 있느냐?

　　그러하옵니다, 세존이시여. 여래는 불안이
있사옵니다.

　　수보리여, 네 생각은 어떠하냐? 여래가 저
恒河
항하 가운데 있는 모래를 모래라고 설한 적이
있느냐?

　　그러하옵니다, 세존이시여. 여래는 모래라
고 하신 적이 있사옵니다.

　　수보리여, 네 생각은 어떠하냐? 저 항하의

모래알 수만큼 많은 항하가 있고, 또 그 많은 항하에 있는 모래알 수만큼이나 많은 부처님의 세계가 있다고 한다면 그 세계가 얼마나 많다고 하겠느냐?

매우 많겠나이다, 세존이시여.

부처님께서 수보리에게 말씀하셨다.

그토록 많은 국토에서 살고 있는 모든 중생들의 갖가지 마음을 여래는 다 알고 있느니라. 왜냐하면 여래가 말한 모든 마음은 다 마음이 아니요, 그 이름이 마음이기 때문이니라. 무슨 까닭인가?

수보리여,

과거심도 얻을 수 없고

현재심도 얻을 수 없으며

미래심도 얻을 수 없기 때문이니라.

過去心不可得 現在心不可得 未來心不可得

법계통화분 法界通化分 **제십구**

130

수보리여, 네 생각은 어떠하냐? 어떤 사람이 칠보로써 삼천대천세계에 가득 찰 만큼의 보시를 하였다면, 이 사람은 그 인연으로 얻을 복이 많겠느냐?

그러하옵니다, 세존이시여. 이 사람은 그 인연으로 얻을 복이 매우 많겠나이다.

수보리여, 만약 복덕이 실체가 있는 것이라면 여래는 얻을 복덕이 많다고 말하지 않았을 것이나, 복덕이 본래 없는 까닭에 여래는 복덕이 많다고 설하느니라.

이색이상분 離色離相分　제이십

수보리여, 네 생각은 어떠하냐? 여래를 가히 구족색신을 통하여 볼 수 있느냐?

아니옵니다, 세존이시여. 구족색신으로는 여래를 마땅히 볼 수 없사옵니다. 왜냐하면 여래께서 설하신 구족색신은 곧 구족색신이 아니라 그 이름이 구족색신이기 때문입니다.

수보리여, 내 생각은 어떠하냐? 여래를 가히 여러 가지 거룩한 상호를 갖춘 겉모습, 곧 구족제상(其足諸相)을 통하여 볼 수 있느냐?

아니옵니다, 세존이시여. 여러 가지 거룩한 상호를 갖춘 겉모습을 통해서는 마땅히 여래를 볼 수 없사옵니다. 왜냐하면 여래께서 설하신 거룩한 상호는 곧 여러 가지 거룩한 상호가 아니라 그 이름이 거룩한 상호이기 때문입니다.

비설소설분 非說所說分 제이십일

수보리여, 너희는 '여래께서 마땅히 설한 바 법이 있다는 생각을 하리라'는 생각을 짓지 말아야 하느니라. 무슨 까닭인가? 만약 어떤 사람이 여래가 설한 바 법이 있다고 한다면 이는 곧 부처님을 비방하는 것이니, 내가 설한 바를 잘 이해하지 못한 것이기 때문이니라. 수보리여, 법을 설한다고 하나 가히 설

할 만한 법이 없나니, 곧 그 이름이 설법이니
라.

그때 혜명 수보리가 부처님께 아뢰었다.

세존이시여, 미래의 세상에 자못 어떤 중
생이 있어 이 법을 설하심을 듣고 신심을 내
겠나이까?

부처님께서 말씀하셨다.

수보리여, 저들은 중생도 아니요 중생이
아님도 아니니라. 왜냐하면 수보리여, '중
생·중생'이라 함에 대해 여래는 중생이 아니
라고 설하나니, 곧 그 이름이 중생이니라.

무법가득분 無法可得分   제이십이

수보리가 부처님께 아뢰었다.

세존이시여, 부처님께서 아뇩다라삼먁삼
보리를 얻으심은 얻은 바가 없음이나이까?

부처님께서 말씀하셨다.

그러하고 그러하니라. 수보리여, 나는 아

녹다라삼먁삼보리에 있어 어떠한 조그마한 법도 가히 얻은 것이 없기에, 이를 이름하여 아녹다라삼먁삼보리라 하느니라.

정심행선분 淨心行善分　제이십삼

또한 수보리여, 이 법은 평등하여 높고 낮음이 없으므로 아녹다라삼먁삼보리라 이름하나니, 아상도 없고 인상도 없고 중생상도 없고 수자상도 없이 일체의 선한 법을 닦으면 곧 아녹다라삼먁삼보리를 얻느니라. 수보리여, 이른바 선법(善法)이라고 하는 것을 여래는 곧 선법이 아니라 그 이름이 선법이라고 설하느니라.

복지무비분 福智無比分　제이십사

수보리여, 만약 삼천대천세계에 있는 모든 수미산만한 칠보 덩어리를 어떤 사람이 가져다 보시하더라도, 어떤 사람이 금강반야바라

밀경이나 사구게만이라도 받아지녀 읽고 외우고 남을 위해 해설해 준다면, 앞의 복덕으로는 백분의 일도 미치지 못하며 백천만억분의 일 내지 헤아림이나 비유로도 능히 미치지 못하느니라.

화무소화분 化無所化分 제이십오

수보리여, 네 생각은 어떠하냐? 너희들은 '여래께서 마땅히 중생을 제도한다'는 생각을 하지 말지니라. 수보리여, 이런 생각을 하지 말라고 한 까닭이 무엇인가? 실로 여래가 제도할 중생이 없기 때문이니, 만일 여래가 제도할 중생이 있다고 한다면, 여래에게 곧 아상·인상·중생상·수자상이 있음이니라.

수보리여, 여래가 설한 '나가 있음'은 곧 '나가 있음'이 아니거늘, 범부들은 '나가 있다'고 하느니라. 수보리여, 여래는 범부에 대해서도 곧 범부가 아니라 그 이름이 범부라

고 설하느니라.

법신비상분 法身非相分　제이십육

수보리여, 네 생각은 어떠하냐? 가히 삼십이상으로써 여래를 볼 수 있느냐?

수보리가 아뢰었다.

그러하옵니다, 그러하옵니다. 삼십이상으로써 여래를 볼 수 있사옵니다.

부처님께서 말씀하셨다.

수보리여, 만약 삼십이상으로써 여래를 볼 수 있다면 전륜성왕도 곧 여래라고 할 수 있으리라.

수보리가 부처님께 아뢰었다.

세존이시여, 제가 부처님께서 설하신 뜻을 이해하기로는 마땅히 삼십이상으로는 여래를 볼 수 없사옵니다.

그때 세존께서 게송으로 말씀하셨다.

만약 색신으로써 나를 보려 하거나
음성으로써 나를 구하려 하면
이 사람은 삿된 도를 행함이라
능히 여래를 보지 못하느니라

若以色見我 以音聲求我 是人行邪道 不能見如來

무단무멸분 無斷無滅分   제이십칠

수보리여, 내가 만약 '여래가 상^相을 구족하지 않은 까닭에 아뇩다라삼막삼보리를 얻었다'라고 생각한다면, 수보리여, '여래가 상을 구족하지 않은 까닭에 아뇩다라삼막삼보리를 얻었다'는 생각을 하지 말지니라.

수보리여, 내가 '아뇩다라삼막삼보리의 마음을 일으킨 사람은 모든 법이 끊어져 아주 없어졌다[斷滅]'라고 생각한다면, 그와 같은 생각을 하지 말라. 왜냐하면 아뇩다라삼막삼보리의 마음을 일으킨 사람은 법에 있어 단멸^{斷滅}의 상이 있다고 말하지 않기 때문이니라.

불수불탐분 不受不貪分　제이십팔

수보리여, 만약 어떤 보살은 항하의 모래 알과 같은 수많은 세계에 가득 찰 만큼의 칠보를 보시하고, 어떤 보살은 일체의 법이 무아임을 알아 깨달음을 얻었다면, 이 보살이 얻는 공덕이 앞의 보살이 얻는 공덕보다 수승하니라. 무슨 까닭인가? 수보리여, 보살들은 복덕을 받지 않기 때문이니라.

수보리가 부처님께 아뢰었다.

세존이시여, 어찌하여 보살은 복덕을 받지 않는다고 하시나이까?

수보리여, 보살은 지은 바 복덕에 대해 마땅히 탐착하지 않는 까닭으로 복덕을 받지 않는다고 말하느니라.

위의적정분 威儀寂靜分　제이십구

수보리여, 만약 어떤 사람이 말하기를 '여래가 온다거나 간다거나 앉는다거나 눕는다'

고 한다면 이 사람은 내가 설한 바 뜻을 알지 못함이니라. 무슨 까닭인가? 여래는 어디로부터 오는 바도 없고, 또한 어디를 향하여 가는 바도 없기 때문에 여래라 이름하느니라.

일합이상분 一合理相分　제삼십

수보리여, 만약 선남자 선여인이 삼천대천세계를 부수어 작은 티끌로 만들었다면, 네 생각이 어떠하냐? 이 작은 티끌들이 많다고 하겠느냐?

수보리가 아뢰었다.

매우 많겠나이다, 세존이시여. 왜냐하면 만약 이 작은 티끌들이 실제로 있는 것이라면 부처님께서는 곧 '작은 티끌들' 이라고 말씀하시지 않으셨을 것이기 때문이옵니다. 왜냐하면, 부처님께서 말씀하시는 작은 티끌들은 곧 작은 티끌들이 아니라, 그 이름이 작은 티끌들이기 때문입니다.

세존이시여, 여래께서 말씀하신 삼천대천 세계도 곧 세계가 아니라 그 이름이 세계일 뿐이옵니다. 왜냐하면 만약 세계가 실로 있는 것이라면 곧 그것을 한 덩어리인 일합상이라고 할 것이오나, 여래께서 말씀하신 일합상은 곧 일합상이 아니라 그 이름이 일합상이기 때문입니다.

수보리여, 일합상은 가히 말로써 표현할 수 없는 것이건만, 범부들은 그 일에 탐착을 하느니라.

지견불생분 知見不生分   제삼십일

수보리여, 만일 어떤 사람이 '부처님께서 아견·인견·중생견·수자견을 말씀하셨다'고 한다면, 수보리여, 네 생각은 어떠하냐? 이 사람이 내가 말한 뜻을 안다고 하겠느냐?

아니옵니다. 세존이시여, 이 사람은 여래

께서 말씀하신 뜻을 이해하지 못하는 것이옵니다. 왜냐하면 세존께서 말씀하신 아견·인견·중생견·수자견은 곧 아견·인견·중생견·수자견이 아니라 그 이름이 아견·인견·중생견·수자견일 뿐이기 때문입니다.

수보리여, 아뇩다라삼먁삼보리의 마음을 일으킨 사람은 일체법을 마땅히 이와 같이 알고 이와 같이 보며 이와 같이 믿고 이해하여 법상(法相)을 내지 말아야 하느니라. 수보리여, 이른바 법상에 대해서도 여래는 법상이 아니라 그 이름이 법상이라고 설하느니라.

응화비진분 應化非眞分 제삼십이

수보리여, 만약 어떤 사람이 한량없는 아승지 세계에 가득 찰 만큼의 칠보로써 보시를 하고, 어떤 선남자 선여인이 보살심을 발하여 이 경이나 이 경의 사구게만이라도 받아지니고 읽고 외우고 다른 이를 위해 연설

하여 주면, 그의 복이 앞의 복보다 더욱 수승하니라. 어떻게 다른 이를 위해 연설하여 줄 것인가? 상을 취하지 않고 여여부동(如如不動)하라. 무슨 까닭이냐?

일체의 유위법은
꿈·환상·물거품·그림자와 같고
이슬과 같고 또한 번개와 같나니
마땅히 이와 같이 관할지니라

一切有爲法　如夢幻泡影　如露亦如電　應作如是觀

부처님께서 이 경을 설하여 마치시니, 장로 수보리와 여러 비구와 비구니와 우바새와 우바이와 일체 세간의 하늘사람·인간·아수라 등이 부처님께서 설하신 말씀을 듣고 모두 크게 환희하여, 믿고 받들어 행하였다.

생활 속의 금강경

우룡큰스님 지음 / 신국판 / 304쪽 / 10,000원

지금 이 순간의 고난과 그릇된 마음을 항복받기를 원하십니까?

깨달음의 마음, 지혜로운 마음으로 행복하게 살기를 원하십니까?

금강경을 공부해 보십시오! 시대와 종파를 초월하여 불자들로부터 가장 많은 사랑을 받고 있는 금강경 속에 그 해답이 있습니다.

『생활 속의 금강경』은 일평생을 수행과 중생교화를 위해 살아오신 우룡큰스님께서 그토록 어렵다는 금강경의 가르침을 우리의 생활에 접목시켜 쉽고도 재미있게 풀이한 책입니다.

이제 이 책을 통하여 마음 다스리는 법을 터득하시어, 우주에 가득찬 지혜와 영광과 행복을 누려보시기 바랍니다.

이 책을 읽으면 금강경을 사경함에 있어 많은 도움이 되리라 확신합니다.

금강경 한글 사경

초 판 1쇄 펴낸날 2010년 10월 1일
        23쇄 펴낸날 2025년 5월 21일

옮긴이 우룡큰스님
펴낸이 김연수
고 문 김현준

펴낸곳 새벽숲
등록일 2009년 12월 28일 (제321-2009-000242호)
주 소 서울특별시 서초구 반포대로14길 30, 906호 (서초동, 센츄리I)
전 화 02-582-6612, 587-6612
팩 스 02-586-9078
이메일 hyorim@nate.com

값 6,000 원

ⓒ 새벽숲 2010
ISBN 978-89-965088-1-6 03220

새벽숲은 효림출판사의 자매회사입니다(새벽숲은 曉林의 한글풀이).